Gestão
de Materiais
Estoque não é o meu negócio

João Caldeira Lélis

Copyright© 2007 por Brasport Livros e Multimídia Ltda.
Todos os direitos reservados. Nenhuma parte deste livro poderá ser reproduzida, sob qualquer meio, especialmente em fotocópia (xerox), sem a permissão, por escrito, da Editora.

Editor: Sergio Martins de Oliveira
Diretora Editorial: Rosa Maria Oliveira de Queiroz
Assistente de Produção: Marina dos Anjos Martins de Oliveira
Revisão de Texto: Maria Helena dos Anjos Martins de Oliveira
Editoração Eletrônica: Abreu's System LTDA.
Capa: Use Design

Técnica e muita atenção foram empregadas na produção deste livro. Porém, erros de digitação e/ou impressão podem ocorrer. Qualquer dúvida, inclusive de conceito, solicitamos enviar mensagem para **brasport@brasport.com.br**, para que nossa equipe, juntamente com o autor, possa esclarecer. A Brasport e o(s) autor(es) não assumem qualquer responsabilidade por eventuais danos ou perdas a pessoas ou bens, originados do uso deste livro.

Dados Internacionais de Catalogação na Publicação (CIP)
(Câmara Brasileira do Livro, SP, Brasil)

Lélis, João Caldeira
   Gestão de materiais : estoque não é o meu negócio / João Caldeira Lélis. -- Rio de Janeiro : Brasport, 2007.

   Bibliografia.
   ISBN 978-85-7452-342-2

   1. Administração de materiais 2. Estoque - Controle I. Título.

07-8778   CDD-658.7

Índices para catálogo sistemático:
1. Gerenciamento de projetos : Administração de
   empresas   658.404
2. Projetos : Gerenciamento : Administração de
   empresas   658.404

BRASPORT Livros e Multimídia Ltda.
Rua Pardal Mallet, 23 – Tijuca
20270-280 Rio de Janeiro-RJ
Tels. Fax: (21) 2568.1415/2568.1507/2569.0212/2565.8257
e-mails: brasport@brasport.com.br
          vendas@brasport.com.br
          editorial@brasport.com.br
site: **www.brasport.com.br**

Filial
Av. Paulista, 807 – conj. 915
01311-100 – São Paulo-SP
Tel. Fax (11): 3287.1752
e-mail: filialsp@brasport.com.br

À minha esposa, Elza, pelo apoio incondicional em todos os momentos e decisões que envolveram nossa convivência até o momento, e aos meus filhos, Gustavo e Matheus, como forma de incentivo à busca contínua do conhecimento.

Agradecimentos

À editora Brasport, por ter acreditado no meu projeto.

Ao Ricardo Viana Vargas, MSc, PMP, pelo incentivo e apoio junto à editora Brasport, apresentando-me como autor.

Aos amigos da ArcelorMittal Monlevade, com os quais convivi por mais de 15 anos e que, de certa forma, contribuíram para o meu desenvolvimento e aporte de conhecimento para realização desta obra.

Aos amigos da ArcelorMittal Tubarão, pelo apoio e confiança.

Aos familiares, pelas palavras de incentivo e consideração

Gestão de Materiais
Estoque não é o meu negócio

Apresentação

Desde o início, com o surgimento do sistema da fabricação em série, as grandes organizações se aperceberam da necessidade da manutenção de estoques de peças, insumos, matéria-prima e outros equipamentos sobressalentes como ponto crucial para atender suas demandas e vencer a concorrência no que tange ao prazo de entrega e ao atendimento satisfatório aos clientes.

Só que com o passar dos tempos, o aumento da demanda, levando a produção a níveis elevados, fez com que os níveis de estoque necessário para manter esta produção sem perda no atendimento aos clientes ou até mesmo a perda destes clientes também subissem em igual proporção. Isto obrigou as grandes empresas a empatarem grande parte do seu capital em estoque, reduzindo consideravelmente o poder de investimento, bem como o capital de giro disponível.

Hoje em dia novas tecnologias surgem numa velocidade espantosa, e a necessidade de adequação a estas tecnologias como forma de aumento de força no mercado competitivo tem que se dar a uma velocidade ainda maior. Daí a importância da redução de custos em todas as áreas da empresa de maneira a aumentar as vendas lançando um produto de menor preço e aumentando o capital de giro disponível para acompanhar os avanços tecnológicos da atualidade.

Diante desta nova necessidade nas empresas, um novo desafio é lançado a cada dia para a área de gestão de materiais. As áreas de suprimentos devem suprir de maneira otimizada o fluxo produtivo da empresa, buscando sempre o menor valor de estoque de matéria-prima e sobressalentes sem permitir a interrupção deste fluxo. Esta certamente não é uma tarefa fácil se considerarmos um ambiente englobando uma margem que varia entre 30000 a 90000 itens de gestão, que são de responsabilidade destas áreas.

Tendo em mente que as grandes empresas da atualidade estão buscando cada dia mais descobrir e definir o seu "core business", ou seja, estão direcionando seus esforços cada vez com mais propriedade com foco no seu negócio buscando e desenvolvendo novas parcerias, a proposta deste livro é definir ações que irão possibilitar um considerável aumento do retorno de capital das empresas, através da redução de custo em compras e a eliminação de grande parte do capital empatado na conta do ativo circulante, referente aos estoques. Vale lembrar que algumas destas propostas já estão em prática em empresas de grande porte e que têm lhes proporcionado ganhos bastante significantes.

João Caldeira Lélis
joao.clelis@terra.com.br

Sumário

Introdução 1

1. Conceitos e Definições 5
    Conceito de Estoque 5
    Conceito de Itens de Estoque 6
    Conceito de Custo do Item 7
    Conceito de Custo de um Pedido de Compra 7
    Custo de Manutenção do Estoque 7
    Custo da Falta de Estoque 8

2. Sistema de Lojas 9
    Escolha de Fornecedores para Contrato Tipo Loja 11
    Pontos Importantes do Contrato 12
    Otimização de Custos 14
    Tipos de Lojas por Especialidade 15
    Processo de Contratação 15

3. Estoque no Fornecedor 19
    O Que as Organizações Ganham? 20
    O Que os Fornecedores Ganham? 20
    Como se Dá a Escolha dos Parceiros? 21
    Que Tipo de Material Manter em Estoque no Fornecedor? .. 22

4. Contratos de Fornecimento 23

5. Sistemas de Controle de Estoques 26
    Sistema de Revisão Contínua 27

Características Fundamentais 27
Variáveis do Sistema de Revisão Contínua 27
Quantidade a comprar ou fabricar 29
Ponto de ressuprimento (PR) 30
Sistema de Encomenda Única 34
Conceitos gerais 34
Características Básicas do Sistema de Encomenda Única 35
Sistema de Revisão Periódica 37
Considerações gerais 37
Determinação de parâmetros de gestão 38
Pontos Importantes Relacionados aos Sistemas de Controle
de Estoque Apresentados Anteriormente 40

6. Sistemas MRP 56
Operação do MRP – Insumos e Resultados Fundamentais 57
Plano Mestre de Produção 59
Lista de Materiais 59
Relatório de controle de estoques 62
Processamento do MRP 62
Tamanho do Lote no MRP 73
Lote por lote 74
Pedido em Lotes Econômicos 75

7. Avaliação de Estoque 76
Método do custo de reposição 76
Método UEPS 77
Método PEPS 78
Método de avaliação baseado no Custo Médio 79

8. Gestão de Estoque 81
Definição de Estoque 81
Matérias-primas 83
Produtos em Processo 83
Produtos Acabados 83
Peças de Manutenção 83
Efeitos da Administração de Estoque no retorno de Capital
da Empresa 85

9. Estoque Não é o Meu Negócio **87**
    O Problema 87
    A Identificação do Problema 89
    Análise do Fenômeno 95
    Resultados do Trabalho 107

10. Metodologia Seis Sigma **112**
    Origem 112
    Definição 113
    O Ciclo DMAIC 114
    Principais Características 115
    Mapa de Raciocínio 116

Bibliografia **119**

Introdução

A função compras teve ao longo dos últimos anos, mais precisamente, a partir da Primeira Guerra Mundial, grande evolução, saindo de uma simples função burocrática para uma posição gerencial e executiva dentro das organizações.

As organizações também vêm trabalhando suas posições estratégicas e evoluindo ao longo dos tempos. Antes o que conhecíamos como estratégia competitiva era trabalhar ou propiciar a criação de *Distritos Industriais* envolvendo as grandes empresas, hoje já é forte a concepção de *Condomínio Industrial* e já estão surgindo no país uma nova e forte estratégia competitiva de gestão nas organizações criando o que poderemos chamar de *Consórcio Modular*. Estes três modelos de gestão serão ilustrados a seguir:

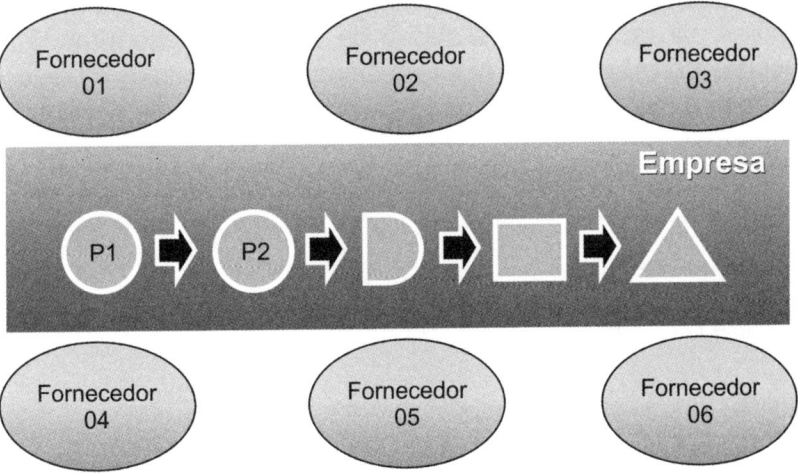

Figura 1 – Modelo de Distrito Industrial.

No modelo da figura 1, denominado Distrito Industrial, os fornecedores são instalados bem próximos às grandes empresas, resolvendo problemas potenciais de logística de entrega de insumos e materiais sobressalentes e garantindo o atendimento às necessidades emergenciais com prazos de entrega relativamente curtos e custos reduzidos, em conseqüência dos baixos custos com transportes.

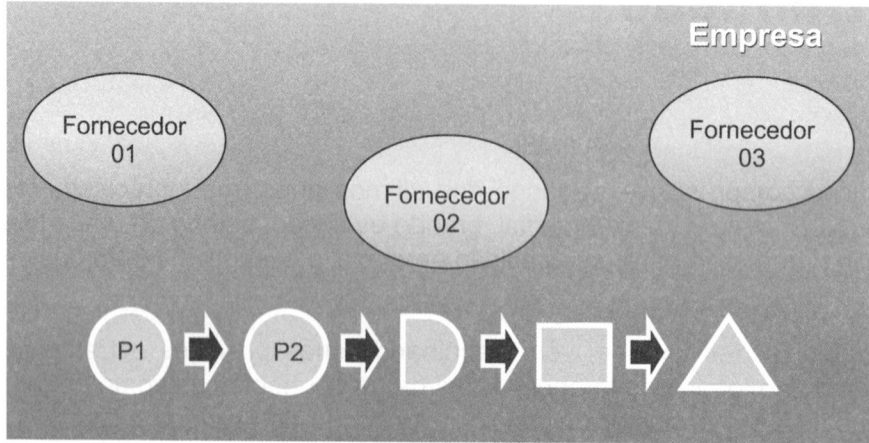

Figura 2 – Modelo de Condomínio Industrial.

O modelo de gestão da figura 2 já mostra uma evolução no que se refere à redução de custos em geral. Neste, denominado Condomínio Industrial, os fornecedores são atraídos para dentro da empresa, assegurando, assim, um fornecimento mais confiável e reduzindo drasticamente o custo com a logística de entrega.

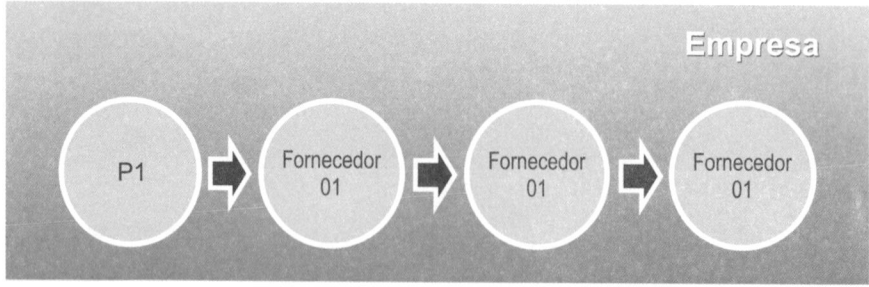

Figura 3 – Modelo de gestão – Fornecedor no processo produtivo.

Já neste terceiro e mais avançado modelo de gestão, quem fabrica o produto final da empresa é o fornecedor, cabendo à empresa a retenção da tecnologia e *know-how* de todo o processo. No exemplo da figura 3, o fornecedor é incorporado ao fluxo produtivo da empresa e o custo do produto é 100% de responsabilidade da área de compras.

Este último modelo já é praticado por algumas empresas do ramo automotivo, como é o exemplo da fábrica da Volkswagen de caminhões e ônibus, localizada em Resende/RJ, onde todo o processo produtivo é terceirizado e a função compras tem fator preponderante no sucesso da organização.

Algumas empresas já estão partindo para a desverticalização, ou seja, uma simplificação do processo produtivo, onde partes deste processo são passadas para os fornecedores.

O foco principal deste livro é responder a duas perguntas básicas estabelecidas pelo próprio autor, que são: como a gestão de compras pode contribuir para o sucesso da empresa? É possível produzir sem estoques?

Tendo em mente esses dois questionamentos, serão abordados estudos feitos na área e experiências vivenciadas, ancoradas em um embasamento teórico consistente para munir os leitores de conhecimento capaz de sustentar a aplicação de métodos que irão, certamente, proporcionar os melhores resultados referentes à área de gestão de materiais em suas organizações.

Os primeiros capítulos deste livro, mais precisamente até o capítulo 5, tratam, além de conceitos e definições básicas da área de compra, dos principais métodos utilizados pelas grandes empresas para reduzir os estoques e aumentar o capital de giro, tais como: sistemas de lojas *in company*, contratos de fornecimento, revisões periódicas dos parâmetros de estoque baseadas no histórico dos últimos consumos e traz uma nova proposta que contribuirá ainda mais para o aumento do capital de giro, que é o estoque no fornecedor através da parceria entre a empresa e seus principais fornecedores.

Outra abordagem, nos capítulos subseqüentes, trata dos conceitos teóricos dos principais sistemas de controle de estoque, sistemas MRP, que são o ponto inicial de geração de toda a necessidade de reposição de estoque, em razão da programação da produção e, também, alguns conceitos indispensáveis quando o assunto trata de gestão de estoque.

O capítulo 9 é uma novela que, na realidade, relata uma experiência vivenciada em uma grande empresa, com a aplicação de uma metodologia, que está cada vez mais sendo procurada e aplicada pelas empresas, com o objetivo de reduzir a variabilidade dos seus processos administrativos e produtivos e, conseqüentemente, aumentar a qualidade de seus processos e produtos bem como fazer crescer o índice de satisfação de seus clientes.

O último capítulo é uma síntese da metodologia explorada na novela do capítulo, anterior que se denomina como "Seis Sigma". Não é objetivo deste capítulo, e tampouco do livro, um aprofundamento nas explicações de todos os métodos e ferramentas empregadas pela metodologia Seis Sigma, visto que já existem no mercado profissionais de extrema competência com obras magníficas abordando este assunto com toda propriedade que lhe é devida.

1

Conceitos e Definições

Conceito de Estoque

Podemos denominar o estoque como tudo aquilo que é guardado de forma adequada por um determinado período até o momento de sua necessidade de utilização através de sua incorporação ao produto ou ao processo ou para atender a necessidade de um cliente. O estoque é considerado um componente do capital da empresa. Este se constitui em sua maioria por produtos em processo ou semi-acabados, produtos acabados, insumos e peças sobressalentes aguardando o momento de serem incorporadas ao processo produtivo.

Manter estoque representa um custo muito alto para as empresas e a escolher sobre o que manter em estoque deve ser vista como uma das tomadas de decisões mais importantes para os gerentes. Esta decisão se torna tão mais complicada quanto for a capacidade do gerente para lidar com os conflitos entre as diversas áreas de sua empresa. Estes conflitos geralmente aparecem entre as demais áreas da empresa e a área financeira e refletem sempre a disponibilidade de estoque versus o capital investido para mantê-la. Veja a seguir alguns exemplos de conflitos existentes:

- **COMPRA versus FINANCEIRA** – Para a área de Compra, quanto maior for o volume de compra, menor será o preço unitário negociado, o que acarretará um alto estoque de matéria-prima. Em contrapartida, para a Financeira, um alto estoque de matéria-prima implicará em maior capital investido em estoque e conseqüentemente perda de juros no mercado.

- **PRODUÇÃO versus FINANCEIRA** – Para a Produção, quanto maior for o estoque de insumos e de material em processo, menor será o risco de faltar material e maiores serão os lotes de fabricação. Por outro lado, a área financeira analisa o alto estoque de material em processo como um fator que contribui para índices elevados de obsolescências e perdas e, conseqüentemente, um alto custo de armazenagem.

- **VENDA versus FINANCEIRA** – Se, para Vendas, um alto estoque de produtos acabados lhe proporcionou entregas mais rápidas, melhorando a imagem da empresa e as vendas, para a área Financeira o alto estoque de produto acabado é sinal de grande capital investido e maiores custos de armazenagens.

Certamente a gestão destes conflitos não comporta decisões fáceis de serem tomadas. É necessário um equilíbrio, achar um ponto ótimo, de forma a tornar lucrativa uma atividade produtiva através de um bom entendimento das partes envolvidas.

A proposta deste livro é fornecer ao leitor, gerentes, diretores e presidentes de empresas, uma opção de minimizar os custos com estoque como pré-requisito para o aumento de capital de giro de suas empresas.

Para maior sensibilização faz-se necessária a revisão de alguns conceitos para que sejam definidos índices e diretrizes para o sucesso na gestão de materiais e na gestão do capital da empresa, que são:

- Itens de estoque;
- Custo do item;
- Custo de um pedido de compra;
- Custo de manutenção do estoque;
- Custo da falta do estoque.

Conceito de Itens de Estoque

Itens de estoque são todos os materiais necessários ao funcionamento do fluxo produtivo de uma empresa e que, normalmente, são subdivididos em materiais produtivos e improdutivos.

A escolha dos itens de composição do estoque depende de uma série de variáveis a considerar:

- Custo do material,
- Consumo em determinado período de tempo no processo,
- Vida útil do material,
- Quantidade montada, facilidade de aquisição no mercado e
- Importância do item para o processo produtivo em geral.

Conceito de Custo do Item

É chamado de custo unitário ou preço unitário. É o custo de se comprar uma unidade do item. Em caso de compra, devem-se computar a este custo todos os impostos não recuperáveis pagos no ato da compra.

Conceito de Custo de um Pedido de Compra

São todos os custos envolvidos no ato de se encomendar o item. São os custos incorridos desde o momento em que iniciamos o processo de compra até o momento em que o item é estocado e disponibilizado para uso.

Estes incluem manutenção de toda a estrutura de compras (pessoal, aluguel, despesas com escritório etc.), os custos com o transporte da mercadoria (fretes) e os custos com inspeção do item antes de estocá-lo.

A determinação do custo unitário se dá pela divisão do total mensal de todos os custos citados antes pelo número de itens pedidos no mesmo período.

Custo de Manutenção do Estoque

É o custo necessário para se manter cada unidade do item em estoque por um período determinado de tempo e compõe-se de:

- **Custo do Capital**: o capital empatado em estoque não pode ser aplicado, afetando diretamente o capital de giro da empresa, impossibilitando investimentos.
- **Custo de Armazenagem**: só existe porque o material é estocado e este inclui todos os custos do espaço do almoxarifado, obsolescência dos materiais, perdas ou a própria deterioração.

Custo da Falta de Estoque

Este talvez seja o mais perigoso para a empresa, pois poderá levar à perda de um grande negócio, no caso de produto acabado, ou na perda de produção, no caso de sobressalentes e matérias-primas que, por sua vez, terá influência direta sobre o atendimento aos clientes, acarretando às vezes até a perda do mesmo.

É um custo bem difícil de computar em função das diversas variáveis que o envolvem. Em situações específicas as empresas se arriscam a não manter certo material em estoque, na maioria das vezes, em função do preço do material e do custo de se mantê-lo em estoque, considerando que, na maioria dos casos, são equipamentos de vida útil longa e são cobertos por algum tipo de seguro.

Em função da abrangência e do nível do risco, estas decisões são tomadas por níveis hierárquicos superiores dentro das empresas.

2

Sistema de Lojas

Não é um sonho; essa já é uma realidade nas grandes empresas do nosso país. Ter uma loja dentro do próprio almoxarifado com estoque suficiente e exclusivo para atender a demanda e a custo zero de estoque refletindo diretamente nas finanças da empresa vem se tornando moda entre as grandes organizações como forma de redução do capital empatado em estoque.

Este tipo de contrato tem por objetivo a eliminação de itens em estoque e contribui muito para aumentar o retorno de capital para a empresa e possibilita trabalhar com uma estrutura de compra mais voltada para o desenvolvimento de novos fornecedores e investir na nacionalização de produtos importados.

Com o pensamento firme de que o fornecedor deve ser considerado como mais um colaborador para a empresa e de que temos que trabalhar com este colaborador sob a filosofia "ganha-ganha", mantendo-o ativo e operante para que continue colaborando para o alcance de nossos objetivos, destaco a seguir alguns pontos importantes do contrato tipo loja:

1. A transferência do estoque passa totalmente para a loja;
2. O fornecedor tem a exclusividade de fornecimento durante a vigência do contrato;
3. Os mesmos parâmetros de estoque mantidos pela empresa devem ser preservados pelo fornecedor. Estes parâmetros só podem ser alterados com a autorização da empresa contratante que, certamente, se baseará no histórico de consumos anteriores;
4. A exclusividade para atender à demanda da empresa deve ser obedecida pelo fornecedor;

5. É prudente que esta loja fique instalada dentro das dependências da empresa, de preferência dentro do próprio almoxarifado;

6. O controle da entrega dos materiais aos usuários deve ser de responsabilidade da área de materiais da própria empresa contratante;

7. O critério para escolha de itens a serem incluídos na loja deve ser bem definido, de maneira a garantir a sobrevivência do fornecedor, ou seja, devem ser incluídos na loja aqueles itens da linha de fornecimento da própria loja e que possuam giro dentro da empresa;

8. A empresa ganha porque irá pagar pelo item somente após a utilização em seu processo e, por outro lado, o fornecedor ganha a garantia de faturamento, ou seja, o fornecedor sabe o mínimo que irá faturar mensalmente.

Numa situação como essa, os ganhos em negociação são bem significativos. Como a empresa tem seus custos de compra, com telefonemas, fax, processos de cotações, processos de compra, em contrapartida, o fornecedor também tem seus custos com uma estrutura de vendas que precisa se desdobrar para o atendimento das metas que, também, tem custos com telefonemas, fax, respostas às cotações e outros. Esses custos, de ambas as partes, se resumem em um único processo de compra e venda, ou seja, será uma venda para um período determinado, de um ano ou dois, de acordo com a vigência do contrato.

Trabalhando como verdadeiros parceiros, as sugestões de produtos melhores, com maior custo-benefício para a empresa, sempre serão bem-vindas.

Quando falo que estoque não é o meu negócio, me refiro, num primeiro instante, a manter estoque de produtos que estou freqüentemente buscando no mercado e que são de fabricação em série, e mais: sempre consulto os mesmos fornecedores cada vez que necessito repor o meu estoque.

Daí surge uma pergunta: por que não fazer uma única cotação, onde os fornecedores saberão quanto irão vender e que terão exclusividade de fornecimento garantida em cláusulas contratuais? Certamente, os preços desta concorrência se aproximarão ao máximo do preço real, e se o fornecedor for esperto e conseguir enxergar com clareza os benefícios futuros jogará os seus preços para baixo.

Tratando cada fase da redução de estoque em seu devido instante, teremos grandes resultados financeiros que possibilitarão a melhor aplicação do capital que temos empatado em estoque dentro das empresas.

A inclusão de outros tipos de materiais como aqueles fabricados conforme desenhos, que não são encontrados no mercado de pronta entrega, é um assunto que trataremos em um capítulo posterior.

Escolha de Fornecedores para Contrato Tipo Loja

Para as empresas que já estão inseridas no mercado, esta é uma tarefa muito simples. A definição dos fornecedores pode ser tirada da sua própria carteira de fornecimento.

De seus bancos de dados é possível extrair todo o histórico de fornecimento daqueles fornecedores dos quais comprou determinada categoria de itens, bem como de todas as cotações realizadas.

Como se trata de um fornecimento contratado por um período longo, é aconselhável que o processo de cotação consista de um número maior de fornecedores do que o habitual, com um mínimo de cinco fornecedores por categoria de fornecimento.

Para a definição desse grupo de fornecedores devemos considerar os seguintes índices praticados durante os últimos fornecimentos:

1. Índice de atendimento no prazo;
2. Percentual de devolução;
3. Preços;
4. Prazos de pagamento praticados.

É importante para o sucesso do contrato que os itens a serem incluídos em determinada loja façam parte da lista de fornecimento dos fornecedores indicados a participarem da concorrência. Caso isto não ocorra, poderá tornar o processo inviável, em termos de custo, atendimento e prazo.

Pontos Importantes do Contrato

O contrato é um instrumento legal que tem por finalidade selar o compromisso entre duas partes e garantir a elas que o acordado será cumprido e em hipótese alguma deve ser unilateral, o que descaracteriza a idéia de parceria e deixa de ser um processo de negociação "ganha-ganha".

Caso a loja seja instalada dentro das instalações da empresa contratante, além do contrato de fornecimento deverá ser elaborado também um contrato de comodato. Obviamente, esta loja deverá ter outro CGC cadastrado para operar.

Devem fazer parte das cláusulas contratuais textos referentes ao prazo de pagamento, tempo máximo para reposição de itens em estoque zero, tratamento aos possíveis aumentos de preços em função de mudanças na economia, tratamento de itens eliminados por solicitação da empresa contratante, além das demais cláusulas normais dos contratos de fornecimento, como cláusulas rescisórias, obrigações da contratada e contratante etc.

A vigência de um contrato tipo loja, que satisfaça às necessidades de ambas as partes, deve ser de, no mínimo, um ano.

Os contratos serão renegociados no final do período de vigência ou a qualquer tempo, desde que uma das partes se sinta prejudicada. Ao final da vigência do contrato, apesar do mesmo possuir as respectivas cláusulas de reajustes, é prudente que a empresa contratante faça, novamente, uma pesquisa ao mercado para verificar a discrepância dos preços entre o reajuste solicitado e a real situação do mercado. Deve estar claro a todos que a situação atual pode ser favorável a qualquer uma das partes, e é nesta hora que se evidencia a verdadeira prática da negociação ganha-ganha.

É evidente que, neste momento, devem ser considerados o relacionamento, os índices de reclamação e a qualidade oferecida pelo atual fornecedor.

O controle sobre as entregas de materiais aos usuários continua sendo responsabilidade da área de suprimentos da empresa contratante, responsável pela administração do almoxarifado. Esta deve ser uma precaução que garantirá um consumo moderado e evitará o acesso direto entre o representante da loja e os usuários internos.

Sistema de Lojas • 13

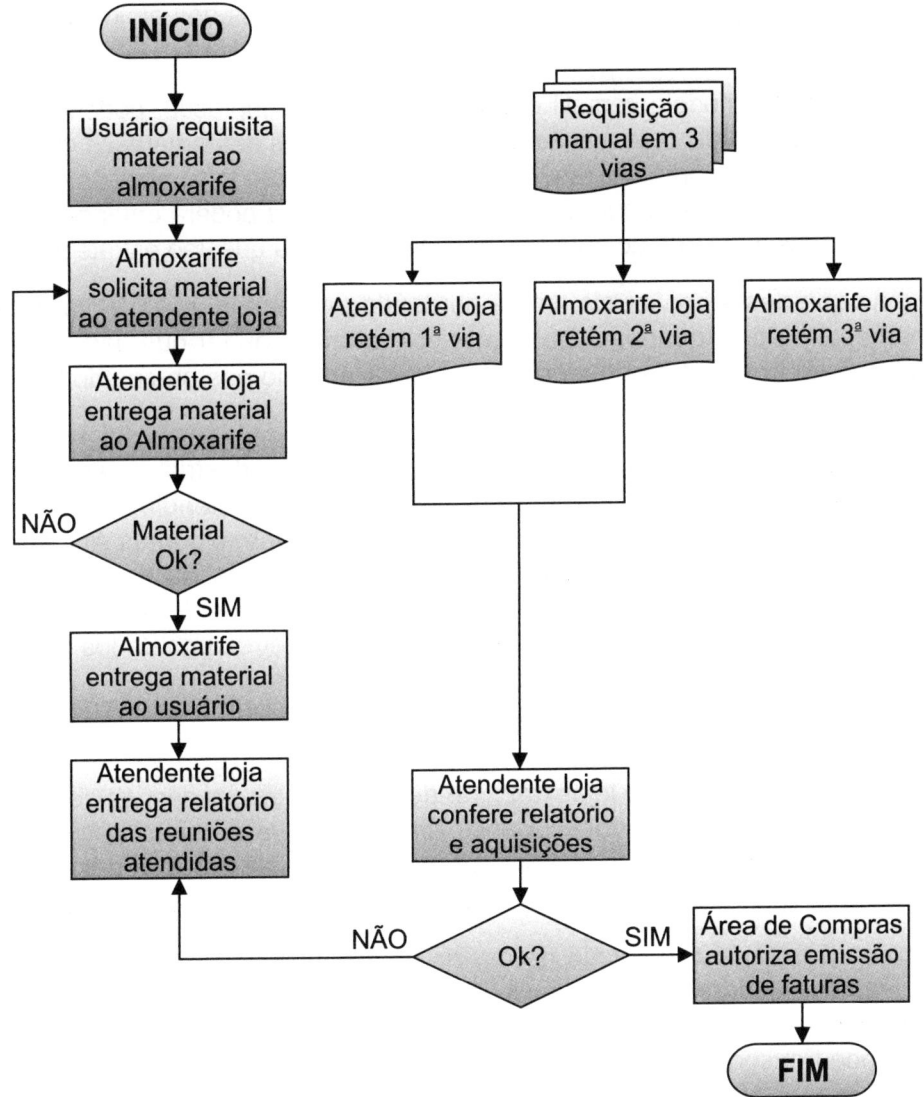

Figura 2.1 – Fluxo de operacionalização do Sistema de Lojas

O fluxo simplificado ilustrado na figura 2.1 mostra de maneira clara e objetiva como operacionalizar o sistema de lojas atualmente utilizado pelas grandes empresas. Como fator facilitador da gestão deste sistema, aconselha-se que as lojas sejam instaladas dentro ou próximas aos almoxarifados das empresas.

Trata-se de um modelo versátil e flexível e de fácil adaptação, podendo ser adequado de acordo com a cultura e as necessidades das empresas que resolverem adotá-lo como um modelo de gestão, objetivando eliminação de determinados itens de estoque. Por exemplo, a empresa poderá optar pela implantação das lojas fora de sua área industrial por uma questão estratégica.

É certo que nesta opção, ela estará perdendo em termos de logística, deslocamento de funcionários para buscar os materiais, ou ter que pagar mais caro por um frete extra que, certamente, será incluído nos preços do fornecedor.

Em contrapartida, caso a loja se instale fora da área industrial da empresa, poderá ter uma cláusula contratual que libere a loja para atendimento ao público externo, o que dará mais fôlego para a mesma em algumas situações de consumo reduzido por parte da empresa. Esta liberação deve ocorrer desde que a loja contratada se comprometa, contratualmente, a manter um estoque para os itens contratados dentro dos parâmetros acordados.

Otimização de Custos

Geralmente, o sistema de lojas traz grandes benefícios e reduções de custo para as empresas que o adotam, principalmente no que se refere à utilização da mão-de-obra da área de compras para tarefas mais nobres, redução dos custos de estoque e manutenção e garantia da qualidade dos produtos.

Para os lojistas, a otimização de custos ocorre com volumes de compras dos subfornecedores, programação de entregas para consumos regulares, que pode ser em conjunto com os demais lojistas integrados ao sistema, utilizando transportes únicos ou terceirizados.

É importante considerar, para este sistema, a especialidade de cada lojista e não deixar transformar a loja em um bazar, monopolizando assim o fornecimento.

Caso isso ocorra, a redução de custo esperada pode se transformar em uma grande dor de cabeça para ambas as partes envolvidas, onde a perda em qualidade poderá ser significativa.

Tipos de Lojas por Especialidade

Este tipo de contrato se aplica para materiais chamados "materiais de prateleira", ou seja, materiais normalmente padronizados e de acordo com normas internacionais, de fabricação em série e de fácil aquisição no mercado, como os exemplos que se seguem:

- Toda linha de fixação como parafusos, porcas, arruelas, tirantes, estojos etc.;
- Tintas e solventes;
- Materiais de vedação, gaxetas e juntas;
- Materiais elétricos, cabos, luminárias, contatores, disjuntores etc.;
- Mangueiras e conexões;
- Materiais de segurança;
- Produtos de limpeza;
- Materiais de escritório;
- Rolamentos;
- Chapas e perfis metálicos;
- Eletrodos.

A redução de custo com a retirada destes materiais do estoque pode ser representativa para a empresa e, da mesma forma, pode representar um faturamento estável para o lojista, garantindo a exclusividade de fornecimento através de um contrato formal.

Processo de Contratação

O fluxo a seguir ilustra o processo de contratação, desde a seleção dos fornecedores até a elaboração do contrato para fornecimento tipo "loja".

A identificação dos itens que podem ser incluídos em um contrato tipo loja é o primeiro passo a ser vencido. É uma tarefa bem simples de ser executada.

Basta fazer um levantamento de todos os materiais, normalmente de fabricação em série, mais comumente chamados de materiais de prateleira. Estes materiais seguem os padrões internacionais de fabricação e, normalmente, a qualidade se equipara em relação ao mercado. Os materiais mais usados nos contratos tipo loja atualmente já foram identificados no item anterior.

A seleção dos fornecedores potenciais para participar da concorrência é feita através do histórico de fornecimento dos itens identificados no parágrafo anterior ou até mesmo fazendo uma consulta ao mercado. O histórico que pode ser levantado através do banco de dados do sistema de gestão de materiais utilizados pelas empresas, além dos fornecedores, traz também muitas informações úteis como últimos preços praticados, quantidades, condições de pagamento, índices de rejeições, prazos de fornecimento e histórico de atrasos.

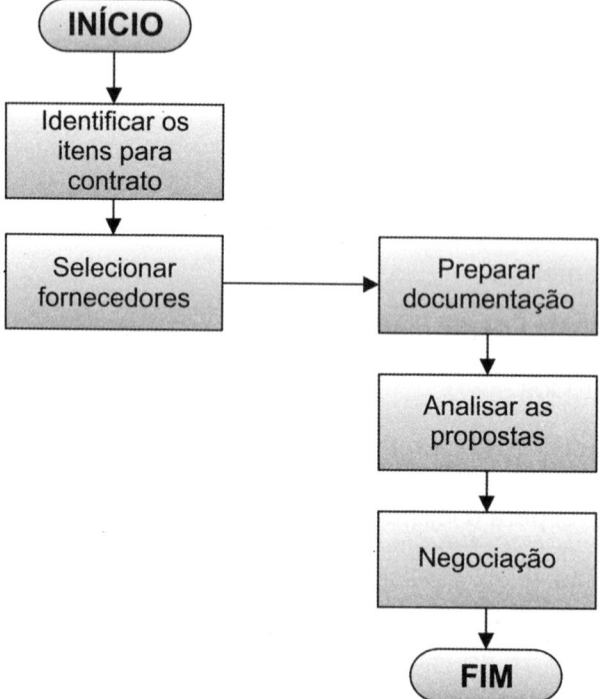

Figura 2.2 – Fluxo de Contratação

Em um contrato deste tipo, onde o fornecedor, praticamente, terá que manter os mesmos parâmetros de estoque praticados no momento da contratação durante um período de no mínimo um ano, é necessário que todas as informações referentes aos itens em cotação sejam passadas para os proponentes selecionados. É importante que os fornecedores tenham todos os parâmetros dos itens para que a proposta seja bem preparada e adequada às necessidades do cliente. A tabela a seguir é uma amostra das informações que devem acompanhar a solicitação de cotação:

IT	CÓDIGO	DESCRIÇÃO COMPLETA	ES*	CM*	OBSERVAÇÃO
01	000010	Parafuso cabeça sextavada, em aço SAE-1030, M20 x 80mm, passo 2mm, classe de resistência 8.8DIN933	50	150	
02	000030	Parafuso cabeça sextavada, em aço SAE-1030, M20 x 100mm, passo 2mm, classe de resistência 8.8, DIN933	30	100	
03	000040	Parafuso cabeça sextavada, em aço SAE-1030, M12 x 40mm, passo 1,5mm, classe de resistência 5.6, DIN931	100	250	

*ES = Estoque de Segurança.
*CM = Consumo médio nos últimos doze meses.

Considerando o estoque de segurança e o consumo médio, o fornecedor deverá considerar a quantidade que deverá manter em estoque na loja para garantir que o material não faltará. Em razão do tempo de reposição para cada item cotado, o fornecedor poderá propor novos parâmetros de controle. A descrição deve ser a mais detalhada possível. Deve ser a mesma descrição, com todas as informações e especificações técnicas dos materiais, com a qual o material foi cadastrado no cadastro de materiais.

A análise das propostas deve considerar as divergências entre o solicitado e o proposto relativas a prazos de reposição em caso de falta ou ruptura do estoque, preço unitário e parâmetros propostos. Todos os aspectos negativos e positivos das propostas devem ser colocados em uma planilha para facilitar identificar a melhor proposta e iniciar o processo de negociação.

A negociação é feita com base nos últimos fornecimentos, com objetivo de encontrar o equilíbrio financeiro para ambas as partes, ou seja, chegar a um preço de fornecimento que satisfaça as partes. É importante, neste momento, estabelecer os parâmetros de gestão para cada item do contrato, o preço unitário, a forma de reajuste, os procedimentos para entrega e liberação dos materiais para os usuários e as datas de medições para faturamento.

3

Estoque no Fornecedor

Quando foi lançada a idéia de que "estoque não é o meu negócio", o principal objetivo foi alertar aos leitores sobre a existência de um paradigma que precisa ser quebrado.

O que as organizações precisam realmente é ter materiais disponíveis quando for necessária a sua utilização, o que não significa tê-los como parte constituinte do ativo permanente, reduzindo o capital de giro e influenciando direta e negativamente no retorno de capital da organização.

A idéia é mostrar que estar disponível para o uso pode implicar em transferir este estoque, juntamente com os seus custos, para um fornecedor, ou um parceiro como é comumente chamado, no sentido real da palavra.

Na realidade, em grande parte dos casos, o fornecedor já possui este estoque, quando ele nos fornece uma cotação para fornecimento.

A operacionalização da idéia se faz através de um contrato de fornecimento, onde o fornecedor se compromete a manter o estoque dos itens dentro dos mesmos parâmetros da organização, entregando-os dentro de um "lead time" mínimo, por um preço acordado entre as partes, por um período máximo determinado.

PENSANDO EM NEGOCIAÇÃO GANHA-GANHA:

É importante que este contrato seja contemplado com itens que possuam movimentação de estoque para que o fornecedor consiga manter as cláusulas contratuais obtendo lucro, é claro, necessário à sua sobrevivência.

O Que as Organizações Ganham?

A eliminação do custo da compra para este item, redução no custo de armazenagem, redução dos estoques de segurança, maior disponibilidade da equipe de compra.

Considerando a redução de custos citados antes e o próprio custo do estoque de segurança, poderemos concluir que haverá maior disponibilidade de capital de giro para aplicações no mercado financeiro e, conseqüentemente, maior retorno de capital para a organização.

A redução do custo da compra se dará uma vez que o processo de compra seja único para o período estipulado no contrato de fornecimento firmado com o fornecedor. O custo do estoque de segurança poderá ser dividido, no mínimo, pela metade, passando a outra parte para o fornecedor.

O Que os Fornecedores Ganham?

Uma negociação deste tipo tem que partir do princípio ganha-ganha. As duas partes devem sair ganhando e a regra deve estar bem clara para todos. Daí vale lembrar do alerta anterior, onde é ressaltado "PENSANDO EM PARCERIA".

Se um fornecedor tem um contrato de fornecimento que lhe garante exclusividade pelo período do contrato, onde ele sabe exatamente a demanda daqueles itens, certamente ele fará de tudo para manter um bom atendimento para que o contrato seja o mais extenso possível em suas renovações.

Este tipo de contrato possibilita que ele projete no longo prazo a sua receita como também o desenvolvimento de novas técnicas de execução daquele item, reduzindo seus custos de fabricação, uma vez que ele sabe quantas unidades serão fabricadas no ano.

Outro ganho do fornecedor é através da aquisição da matéria-prima, que poderá ser mais bem negociada devido à quantidade de compra ser maior. Ou ele compra um lote maior pagando à vista ou financia em mais vezes ou até mesmo estabelece outro contrato de fornecimento em função do volume a ser adquirido.

Além dos ganhos citados antes, este contrato permite a redução da ociosidade das máquinas do fornecedor. Como ele sabe que irá vender o produto, mesmo que o estoque lhe seja favorável, ele pode aproveitar uma ociosidade de máquina, em determinado desaquecimento do mercado, para produzi-lo.

Com estes contratos ambos saem ganhando desde que joguem limpo e pratiquem uma parceria, como já dito anteriormente, no verdadeiro sentido da palavra.

As organizações devem cumprir suas obrigações passando todas as informações necessárias para a gestão do item e os fornecedores devem entregar os itens em conformidade com o acordado, com qualidade, prazo e preço.

Como se Dá a Escolha dos Parceiros?

Toda empresa já possui uma carteira de fornecedores separados por item de fornecimento, bem como um histórico contendo o comportamento dos fornecimentos anteriores ao longo do tempo.

Com base neste histórico fica fácil identificar os fornecedores mais confiáveis que possuem capacidade instalada suficiente para garantir um fornecimento deste porte, de forma a não interferir no fluxo produtivo.

Este pode ser o ponto de partida para escolha dos fornecedores que participarão do processo de concorrência. É evidente que este banco de dados não elimina a possibilidade de recorrer ao mercado para buscar novos fornecedores que tenham condições de estabelecer parcerias consistentes e confiáveis.

Por se tratar de um processo onde haverá a exclusividade de fornecimento para um período determinado estabelecido por um contrato dentro da forma legal vigente e baseado em cláusulas acordadas comumente entre as partes, são necessários cuidados especiais durante o processo de concorrência. Esta parceria tem de funcionar como um casamento perfeito, para que todos saiam realmente ganhando.

Atualmente, o cadastro de fornecedores das empresas é muito grande e graças ao nível de informatização destas empresas é possível levantar facilmente o histórico de fornecimento de qualquer fornecedor nele inserido.

Informações como últimos preços praticados, nível de qualidade fornecida através do controle de devoluções, atendimento aos prazos de entregas acordados e outras informações necessárias devem ser consideradas para uma boa seleção dos fornecedores aptos a participarem das negociações.

Que Tipo de Material Manter em Estoque no Fornecedor?

Como sugestão pode-se manter em estoque nos fornecedores aqueles materiais sobressalentes para equipamentos da linha de produção que normalmente têm contato com o produto final e que, normalmente, sofrem maiores desgastes, e para garantir a qualidade final são substituídos em paradas programadas de equipamentos gerando altos consumos e necessidade de parâmetros de gestão elevados para garantir uma produção ininterrupta. Esta é uma decisão pessoal de cada organização, que deve considerar, para isso, a importância do item no seu processo produtivo e a confiança de que a transferência deste estoque não causará interrupção de sua produção por falta do mesmo.

Geralmente estes estoques são repostos através de processos de compra, cujos principais fornecedores consultados não sofrem alterações, em razão da manutenção da garantia da qualidade no fornecimento.

A proposta deste tipo de contrato é propor aos fornecedores a manutenção do estoque destes materiais em sua fábrica, dando-lhes em troca o compromisso, firmado em contrato, de exclusividade e de compra do estoque total, caso o material sofra alguma alteração ou ocorra a rescisão do contrato.

Enquadram-se neste tipo de contrato todos os materiais específicos fabricados conforme desenhos que possuam consumo no mínimo superior a uma unidade por mês, de forma a garantir um faturamento mínimo para o fornecedor, fazendo com que os fornecimentos sejam viáveis.

Normalmente estes materiais são específicos para as empresas e só são fabricados sob encomenda, apesar de possuírem consumo regular.

4

Contratos de Fornecimento

Contratos de fornecimento representam outro método utilizado pelas empresas para redução dos parâmetros de estoque e, conseqüentemente, do capital empatado em estoque e do custo da compra.

Nesta modalidade, a equipe de compra precisará submeter o item, ora contratado, a um processo de compra uma única vez a cada período explicitado no contrato que, normalmente para este tipo de fornecimento tem sido de um ano, pode variar dependendo da estabilidade econômica do país.

O contrato garante o fornecimento durante o período de vigência do mesmo, o preço e o prazo para cada fornecimento solicitado, além da eliminação de diversas fases do processo de compra, ou seja, o pedido de compra é disparado automaticamente depois de identificada a necessidade, que pode ser através de algum sistema informatizado de gestão ou de alguma necessidade especial dos usuários do material.

As fases de geração de requisição de compra, envio de documentos necessários à fabricação, cotação de três ou mais fornecedores e negociação são desnecessárias e inexistentes para esta modalidade de fornecimento.

O raciocínio é bem simples: os mesmos custos que são reduzidos referentes aos processos de compra do cliente são revertidos em redução de custos com as preparações dos orçamentos pelo lado do fornecedor.

O fornecedor poderá ganhar também na compra da matéria-prima, uma vez que possuirá informações sobre os consumos do item (parâmetros de estoque). Estas próprias compras poderão ser programadas com antecedência com os seus subfornecedores.

Se o fornecedor tiver a informação de que é um item de consumo regular, ele poderá reduzir a ociosidade de máquinas de sua oficina, produzindo algumas peças, ganhando no tempo de entrega e, conseqüentemente, no faturamento.

Quando o fornecimento é garantido, o fornecedor poderá investir em dispositivos que lhe propiciarão um fornecimento mais rápido e, com isso, uma redução no tempo de máquina, aumentando sua margem de lucro sobre a peça.

A figura 4.1, a seguir, mostra um fluxo comparativo das situações dos processos de compra de um item para as duas modalidades de fornecimento, originado pela geração da necessidade através de sistema de gestão ou através de uma necessidade levantada pelos usuários para um processo de compra normal e para um processo de contrato de fornecimento.

Podemos evidenciar claramente que o contrato de fornecimento exige menos esforços de pessoal e de custos depois da identificação da necessidade do material até a criação do pedido de compra.

No momento pode parecer insignificante, mas se computarmos estes ganhos associados ao grande número de compras geradas pelas empresas concluiremos que não é tão insignificante quanto parece em uma análise preliminar.

Para a modalidade de fornecimento onde existe um contrato firmado com um fornecedor específico, a geração do pedido de compra é feita imediatamente após a geração da necessidade, enquanto que, quando não existe contrato, a criação do pedido de compra leva em média dez dias para se concretizar. Com esta agilidade e garantia de fornecimento, é possível ajustar melhor os parâmetros de estoque, reduzindo o ponto de ressuprimento e o estoque de segurança para estes materiais, propiciando assim a chance de aumento do capital de giro da empresa e as oportunidades de outros investimentos no mercado.

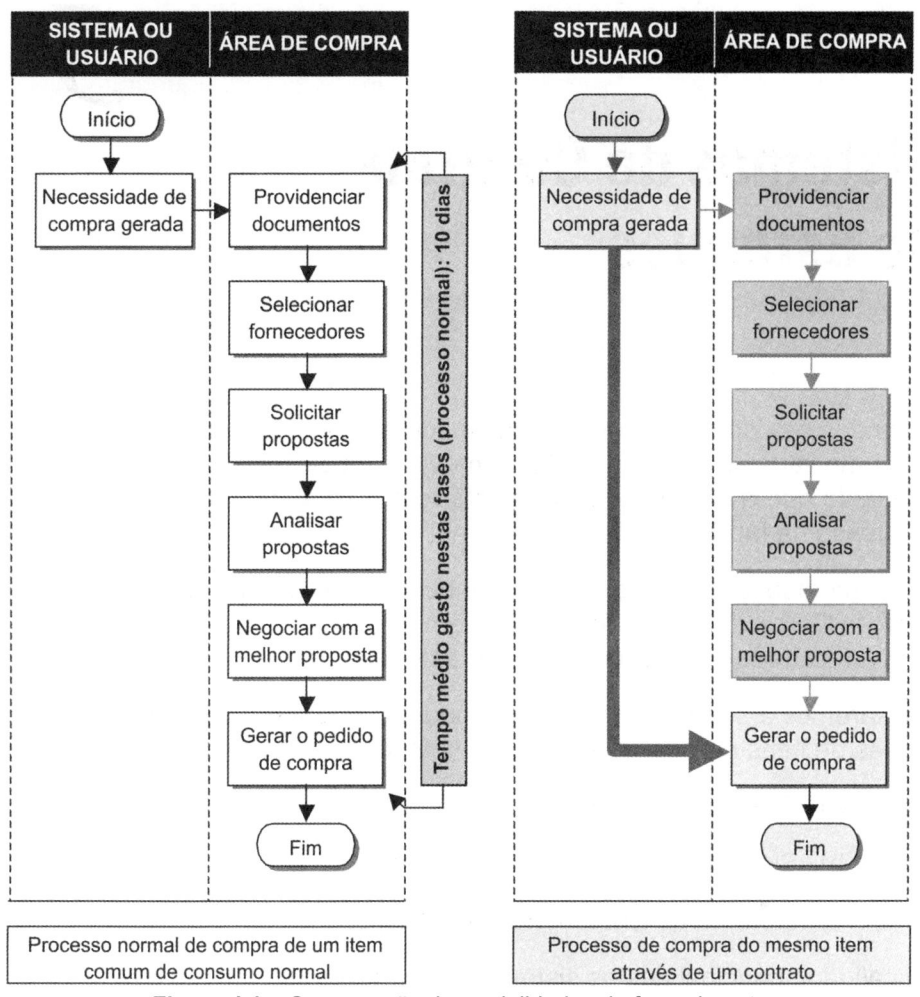

Figura 4.1 – Comparação de modalidades de fornecimento

Processo normal de compra de um item comum de consumo normal:
Início → Necessidade de compra gerada → Providenciar documentos → Selecionar fornecedores → Solicitar propostas → Analisar propostas → Negociar com a melhor proposta → Gerar o pedido de compra → Fim

Tempo médio gasto nestas fases (processo normal): 10 dias

Processo de compra do mesmo item através de um contrato:
Início → Necessidade de compra gerada → Gerar o pedido de compra → Fim
(Providenciar documentos, Selecionar fornecedores, Solicitar propostas, Analisar propostas, Negociar com a melhor proposta já foram realizados no contrato)

Outros pontos positivos evidenciados pela figura 4.1 são a redução do custo de armazenagem e o custo da compra que tem como base de cálculo o número de compras efetuado pela área de compras no período.

Se considerarmos o tempo de um dia para colocação de um pedido de compra na modalidade de contrato de fornecimento, o número de compras, se comparado com o processo normal, seria dez vezes maior, e com a redução do estoque de segurança cairia também o custo de armazenagem.

5

Sistemas de Controle de Estoques

Entendemos como um item que possui demanda independente aquele cujo consumo varia apenas em razão da movimentação de um mercado externo, enquanto que a demanda dependente refere-se ao item de consumo interno, usado na fabricação do produto final da empresa.

Outro método que já é de nosso conhecimento é o modelo do Lote Econômico de Compra (LEC). Um método bem simples, que não representa muito bem a realidade atual em controle de estoques.

Passaremos a seguir a estudar três modelos que auxiliam o controle de estoques de itens que possuem demanda independente, que são:

    a) Sistema de Revisão Contínua (SRC);

    b) Sistema de Reposição Periódica (SRP);

    c) Sistema de Encomenda Única (SEU).

A finalidade principal destes sistemas de controle de estoque é responder a duas perguntas fundamentais para uma gestão adequada de estoque:

- QUANDO DEVO REPOR O ESTOQUE?
- QUANTO DEVO REPOR?

A escolha do sistema de controle que mais se ajuste às necessidades da organização depende do tipo de controle que se deseja. Os sistemas de Revisão Contínua e de Reposição Periódica podem ser alternados, sendo norteados pelas características de cada material. Já o sistema de Encomenda Única é mais utilizado quando se tem um material com demanda localizada em determinado período de tempo.

Sistema de Revisão Contínua

Características Fundamentais

O sistema de Lote Econômico de Compras é uma versão mais simplificada do sistema de Revisão Contínua. Dependendo da hipótese adotada sobre o comportamento do item em estudo, surgirão outras variantes do sistema.

Independentemente de qualquer variante que apareça, porém, são características distintivas do Sistema de Revisão Contínua:

a) O estoque do item é monitorado continuamente ou após cada transação; quando o estoque descer a certa quantidade prefixada, chamada de Ponto de Ressuprimento, emite-se um novo pedido ou requisição de fabricação.

b) A quantidade a comprar ou fabricar é sempre constante, geralmente assumida como o lote econômico, determinado como já visto anteriormente.

O Ponto de Ressuprimento deve ser uma quantidade que suporte a demanda ou consumo do item enquanto se espera a entrega. Nas situações em que a taxa de consumo e o tempo de espera permanecem constantes, o Ponto de Ressuprimento é determinado sem maiores problemas e, nesta situação, também faz-se desnecessário para o sistema manter um estoque de reserva.

Variáveis do Sistema de Revisão Contínua

Se assumirmos que a taxa de consumo, ou o tempo de espera, ou ambos, não são constantes, surgirão variantes mais complexas do Sistema de Revisão Contínua. Vamos admitir que o tempo de espera seja constante, mas que a taxa de consumo seja variável em torno de um valor médio, seguindo uma distribuição normal, conforme ilustrado na figura 5.1. É uma variante que ainda não reflete inteiramente a realidade, uma vez que não são consideradas as componentes de tendência e nem as variáveis sazonais.

Mesmo sem considerar as variáveis anteriores, podemos calcular, dentro de um intervalo curto de tempo, um valor médio aproximado para a taxa de consumo que, por sua vez, pode ser ajustado de acordo com tendências crescentes ou decrescentes desta taxa de consumo.

No Sistema de Revisão Contínua não há uma data fixada para colocação do pedido, ou seja, esta data é variável. O que dispara o pedido de compra é o nível em que o estoque se encontra, correspondente à quantidade necessária para suportar o tempo de espera, que é o Ponto de Ressuprimento.

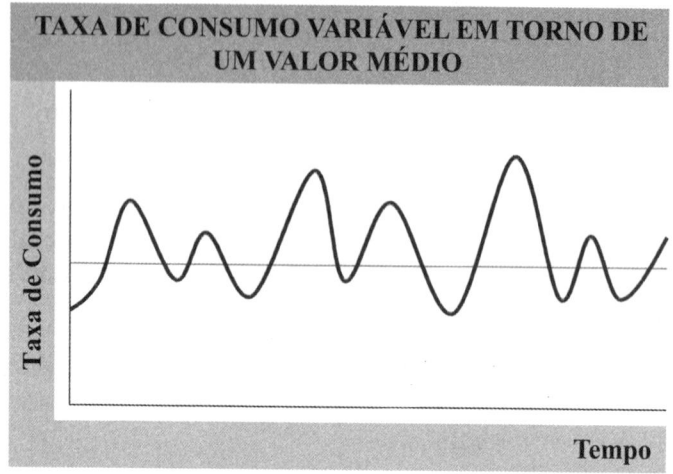

Figura 5.1 – Taxa de consumo variável em torno de um valor médio

A figura 5.2, a seguir, é semelhante à figura usada para representar o Sistema de Lote Econômico, porém com a diferença de que, agora, teremos a taxa de consumo variável e apenas o tempo de espera como constante.

Considerando uma taxa de consumo variável, a possibilidade de falta de estoque torna-se um pouco mais evidente. Apesar de ser uma situação indesejável, mesmo assim temos que considerá-la. Agora, mais do que nunca, devemos ter o que chamamos de Estoque de Reserva (Q_{RES}), como segurança de nosso sistema contra a falta de estoque.

Continuando assumindo as duas hipóteses do Lote Econômico, onde a mercadoria é entregue de uma só vez (entrega instantânea) e o item não interage com outros itens, definiremos agora os dois parâmetros fundamentais para qualquer que seja o sistema de controle de estoque acordado: a quantidade de comprar ou fabricar e a data de fabricação ou produção.

No caso do Sistema de Revisão Contínua, a data de compra é, em princípio, variável, onde o disparo da compra ou a produção é a quantidade remanescente no estoque, que chamamos de Ponto de Ressuprimento (P_R).

Saímos de uma situação onde as retas que representavam o consumo se apresentavam paralelas entre si, devido à constância da taxa de consumo e do tempo de espera, para uma situação em que há uma variação normal da taxa de consumo do item ao longo do tempo.

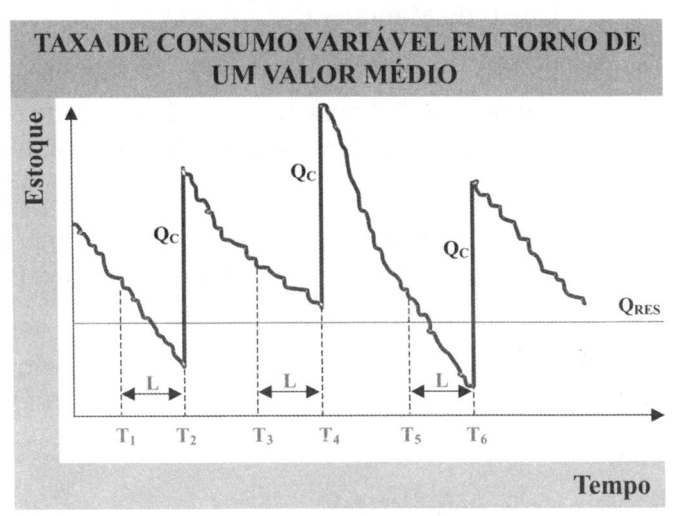

Figura 5.2 – Taxa de consumo variável e tempo de espera constante

Os elementos da figura anterior já são conhecidos: Q_C é a quantidade comprada de cada vez, onde o lote é entregue todo ao mesmo tempo, Q_{RES} é o estoque de reserva e *L* é o tempo de espera, para a situação didática apresentada, considerado constante.

O que acontece com a simulação da figura, num primeiro momento, entre t_1 e t_2, é que houve um aumento de consumo do item, o que provocou a utilização do estoque de reserva (Q_{RES}) e num segundo momento compreendendo os tempos t_3 e t_4, o mesmo item apresentou uma redução do consumo e presenciamos a chegada do lote de compra (Q_C), com o nosso nível de estoque ainda acima do estoque de reserva.

Quantidade a comprar ou fabricar

Este sistema normalmente assume o próprio Lote Econômico, de Compra ou de Fabricação, como a quantidade solicitada, embora, nesta nova situação, trabalhemos o rompimento de uma das hipóteses consideradas anteriormente no cálculo do LEC, que é a taxa de consumo constante.

Analisando a fórmula do Custo Total Anual, de onde se derivou a fórmula do LEC, veremos que a taxa de consumo variável influenciará o cálculo do consumo médio e, na seqüência, o Custo de Manter:

$$\text{Custo de Manter} = C_m \left[\frac{Qc}{2} + Q_{RES} \right]$$

Se estivermos trabalhando com Fabricação, a Q_C (Quantidade comprada de cada vez) da fórmula deverá ser substituída por Q_F (Quantidade Fabricada de cada vez).

Considerando que a utilização do estoque de reserva é imprevisível, dependendo de cada situação deveremos considerar a equação ($Q_C/2 + Q_{RES}$) apenas como uma aproximação do estoque médio.

E analisando o Estoque Total Anual em função da sua insensibilidade, teremos a certeza de que não estamos nos afastando muito do estoque mínimo.

Ponto de ressuprimento (PR)

Sabemos que, se temos uma taxa de consumo que admite um valor médio, podemos definir a média de consumo em certo intervalo de tempo, ou seja, durante o tempo de espera, por exemplo. Então, se a taxa de consumo for de 10 unidades por dia e o tempo de espera for de cinco dias, teremos um consumo médio neste período de 50 unidades, que denominaremos de *m*.

Se somarmos esta quantidade (*m*) ao estoque de reserva (Q_{RES}) teremos, finalmente, definido o nosso Ponto de Ressuprimento (P_R), que poderá ser calculado através da equação:

$$P_R = m + Q_{RES}$$

Num primeiro instante, podemos definir o Ponto de Ressuprimento (P_R) através de registros da empresa, determinando os valores de *m* e do estoque de reserva de forma mais ou menos empírica.

Outra maneira de se determinar a Ponto de Ressuprimento (PR) está ligada ao fato de considerarmos a taxa de consumo, com uma distribuição comportando-se segundo uma distribuição normal, onde os parâmetros de média e desvio padrão podem ser determinados.

Segundo a distribuição normal representada pela figura anterior, se fixarmos o nosso Ponto de Ressuprimento (P_R) na quantidade média (m) consumida no tempo de espera, teremos, exatamente, 50% de chance de não faltar material, o que representa, também, os mesmos 50% de chance de ocorrer a falta do material.

Cabe a cada empresa fixar a percentagem de falta de estoque com a qual deseja trabalhar. É comum trabalhar com um percentual de 95% de chance de não faltar o material e em situações mais críticas, até com 99,73%, o que representa adotar um Ponto de Ressuprimento resultante da soma do valor médio com 1,96 vezes o desvio padrão para 95% e com a média mais 2,75 vezes o desvio padrão para um nível de serviço de 99,7%. Estes valores, de 1,96 e 2,75, na prática são arredondados para 2 e 3 respectivamente e representam o valor de Z na fórmula apresentada na figura da curva de distribuição. Adotando o P_R como sendo $m + 2,75\ \sigma_L$, a nossa chance de falta de estoque seria de 0,3%.

A figura 5.3 a seguir ilustra a situação descrita antes, mostrando o comportamento do consumo no Sistema de Revisão Contínua, levando-se em consideração o tempo de espera.

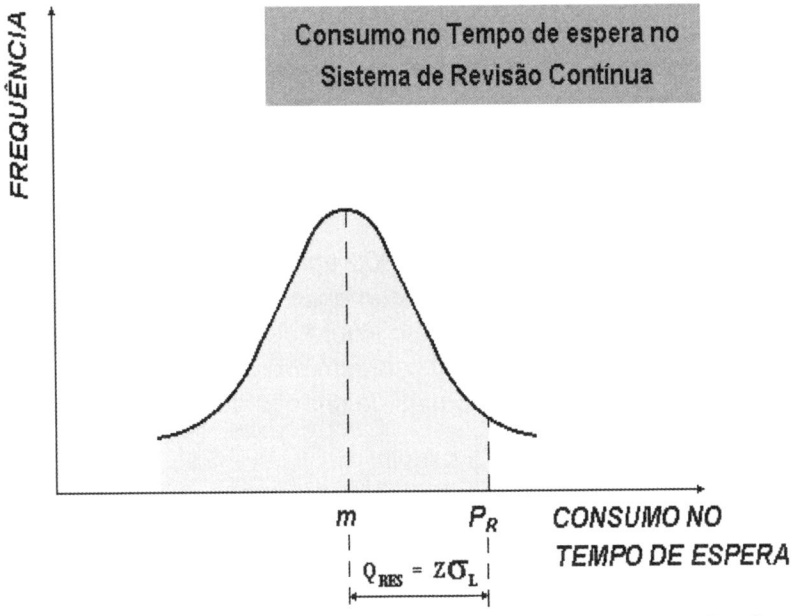

Figura 5.3 – Comportamento do consumo no Sistema de Revisão Contínua

O gráfico ilustrado na figura anterior deixa claro que a decisão mais importante que cabe ao gerente de suprimentos, neste caso, é definir qual percentual de grau de certeza para não faltar o material em estoque deseja aplicar para a sua empresa. Este grau de certeza o levará a escolher o fator que a variável Z adotará.

O conhecimento importante para essa tomada de decisão é que quanto menor o risco que se deseja correr referente à falta de material no estoque a tendência será a opção por um grau de certeza maior. E, conseqüentemente, essa decisão impactará diretamente e em igual proporção ao acréscimo da quantidade de itens a ser estocada para assegurar a confiabilidade de que o material não faltará.

Assim, podemos concluir que quanto maior o grau de certeza aplicado no exemplo anterior, maiores serão os valores dos parâmetros de gestão que assegurarão essa certeza e o impacto no custo do estoque será, também, diretamente proporcional.

Segue uma tabela com alguns valores de Z, em função do grau de certeza, que se deseja manter contra a falta de estoque:

Valor de Z	Grau de Certeza
0,00	50,0%
1,00	84,0%
1,50	93,0%
1,96	95,0%
2,75	99,7%

Exemplo:

Um item é consumido em média de 300 unidades/dia, com um desvio padrão diário de 200 unidades. O consumo anual está estimado em 90.000 unidades. Quando o estoque atinge o Ponto de Ressuprimento (P_R), emite-se um pedido de compra para suprir o estoque que é entregue, de uma só vez, dentro de um prazo (L) de 5 dias da criação do pedido de compra.

Considerando as informações a seguir:

- Custo do pedido: R$ 20.000,00,
- Custo de Manutenção de cada item no estoque: R$ 2.000,00 / unidade,

Deseja-se que a falta de estoque se restrinja a 0,3%, implicando em manter um nível de serviço de 99,7%. Pede-se:

   a) A quantidade a ser comprada de cada vez (o LEC);
   b) O Ponto de Ressuprimento (P_R) que atenda o nível de serviço desejado;
   c) O estoque de reserva correspondente;
   d) Marcar os valores encontrados num gráfico, simulando o comportamento do item no estoque.

Solução:

Resumo dos dados:

Consumo diário = 300 unidades
Desvio padrão diário (σ_L) = 200 unidades
Consumo total anual (D) = 90.000 unidades
Custo do pedido (C_p) = R$ 20.000,00
Custo de manutenção (C_m) = R$ 2.000,00 por unidade e por ano
Tempo de espera (L) = 5 dias
Nível de serviço = 99,7% equivale ao fator Z = 3 (2,75)

a) Quantidade a comprar

Adotando o lote econômico como quantidade ótima teremos:

$LEC = \sqrt{2C_p D / C_m} = \sqrt{2(20.000)(90.000)/2000}$

$= \sqrt{1.800.000} \Rightarrow LEC = 1342$ *unidades*

b) Ponto de Ressuprimento (P_R)

$P_R = m + Q_{RES}$

m = consumo diário X tempo de espera = 300 x 5 => m = 1500 unidades

Não podemos assumir como desvio padrão (σ_L) o valor 200 unidades e multiplicá-la por 5. Sabemos que σ_L representa o desvio padrão da distribuição da quantidade consumida durante o tempo de espera. Se considerarmos que a cada dia o consumo é independente, para maior precisão é necessário considerar também a variância do consumo total no tempo de espera. Assim teremos:

$\sigma_L^2 = L(\sigma)^2 = \sqrt{5(200)^2}$, sendo $\sigma_L = \sqrt{200.000} = $ **447 unidades**

Então: $Q_{RES} = Z.\sigma_L = 3(447) \Rightarrow Q_{RES} = 1341$ unidades, logo:

$P_R = m + Q_{RES} = 1500 + 1341 \Rightarrow $ **$P_R = 2841$ unidades**

c) O estoque de reserva já foi definido antes como sendo

$Q_{RES} = 1341\ unidades$

d)   O gráfico representativo fica conforme ilustrado a seguir:

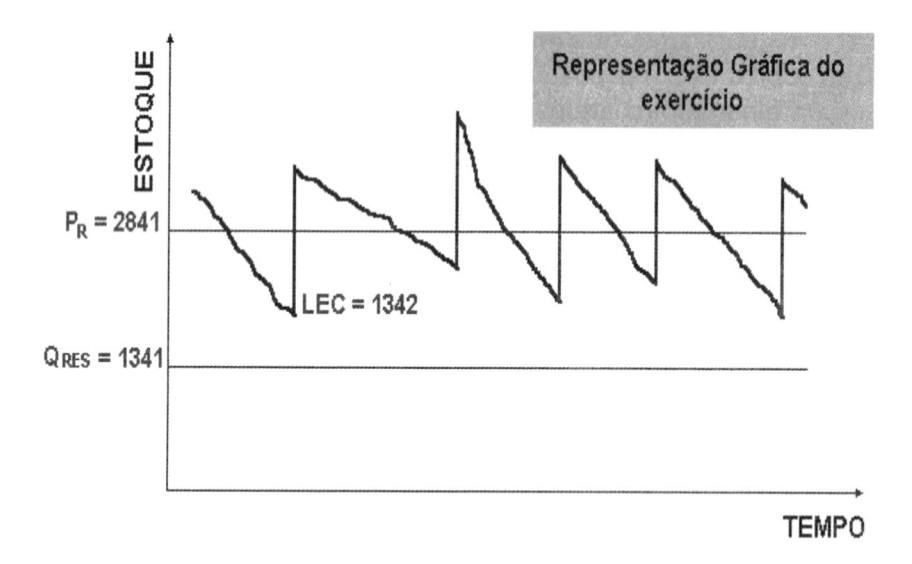

Representação Gráfica do exercício

Sistema de Encomenda Única

Conceitos gerais

O Sistema de Encomenda Única é utilizado na determinação da quantidade a comprar ou fabricar de determinados itens com demanda localizada em um período específico de tempo. Findo este período, o item comprado ou fabricado, por qualquer motivo, não pode ser mais vendido ou utilizado.

Como exemplo, podemos aplicar este sistema para programar a compra de itens perecíveis, que deverão ser consumidos ou vendidos num futuro bem próximo. Normalmente, as sobras são vendidas com pouco lucro ou com prejuízo ou até mesmo com perda total. Outro exemplo prático são os artigos de estações vendidos nas lojas. Passada a estação, aqueles que não foram vendidos ou entram em liquidação ou passam a fazer parte do prejuízo.

Dentro desta análise, o Sistema de Encomenda Única é um sistema de controle que visa determinar a quantidade ótima a comprar ou fabricar de maneira a obter o máximo lucro possível para a empresa.

Características Básicas do Sistema de Encomenda Única

- A encomenda do item deve atender a uma demanda prevista para um futuro bem próximo;

- Não é possível precisar com exatidão a demanda, mas podemos conhecer a sua distribuição de probabilidades;

- Devemos conhecer o custo unitário (CUNIT) de cada unidade do item;

- Cada unidade do item vendido resulta em um lucro unitário (LUNIT);

- Cada unidade do item não vendida resultará em um valor residual (RUNIT), que poderá, às vezes, não ser capaz de cobrir o custo unitário (CUNIT).

O Sistema de Encomenda Única oferece subsídios para que sejamos capazes de comprar uma quantidade ideal de determinado item, de maneira a conseguirmos um lucro médio nas vendas, o mais alto possível, eliminando ao mínimo a probabilidade de prejuízo.

A primeira etapa para determinarmos a quantidade que irá nos propiciar um lucro médio máximo é calcularmos o nível de serviço em função de nossos parâmetros de custo. O nível de serviço (NS) representa a fração do tempo em que a nossa demanda é atendida, ou seja, se temos um nível de serviço de 80% significa que em 80% do tempo nós conseguimos atender à demanda do item. Após determinarmos o nível de serviço (NS), encontramos a parcela a encomendar correspondente a este nível de serviço. Cabe lembrar que o nível de serviço é aplicado somente à parcela variável da demanda.

Agora, definimos como nível de serviço, que nos indicará a quantidade ótima a encomendar de determinado item, como sendo:

$$NS = \frac{L_{UNIT}}{L_{UNIT} + (C_{UNIT} - R_{UNIT})}$$

Como citado anteriormente, o nível de serviço só se aplica à parte variável da demanda, portanto, se temos uma demanda mínima de 200 unidades, o NS incidirá somente na quantidade variável que estiver acima dessas 200 unidades, quantidades essas que devem obedecer a uma distribuição de probabilidades.

Exemplo:

A demanda mensal em uma banca de revistas para um determinado magazine varia uniformemente entre um número mínimo de 100 e um máximo de 150 exemplares. A revista é comprada por R$25,00 e vendida por R$30,00 cada exemplar. As revistas não vendidas ao término do período serão colocadas à venda em condições especiais por R$10,00 o exemplar. Determinar a quantidade de revistas a serem compradas para proporcionar o máximo lucro possível.

Solução:

Para o cálculo do nível de serviço teremos:

$L_{UNIT} = 30 - 25 = 5$
$C_{UNIT} = 25$
$R_{UNIT} = 10$
Logo:

$$NS = \frac{L_{UNIT}}{L_{UNIT} + (C_{UNIT} - R_{UNIT})} = \frac{5}{5 + (25 - 10)} \Rightarrow NS = 0,25$$

Então, tem-se um nível de serviço (NS) determinado de 25%. O próximo passo é aplicar este nível de serviço sobre a parte variável da demanda, conforme segue:

Parte variável da demanda = Venda máxima – venda mínima = 150 – 100

Parte variável da demanda = **50 exemplares**.

Portanto: 25% de 50 unidades equivale a 0,25 x 50 = **13 exemplares**

Agora se pode determinar a quantidade ótima a comprar de maneira a obter o máximo lucro acrescentando a quantidade referente ao nível de serviço sobre a quantidade variável da demanda ao valor mínimo da demanda, ou seja: quantidade a encomendar = 100 + 13 = 113 exemplares.

Seguindo o raciocínio anterior, se optar por comprar apenas a quantidade mínima de 100 exemplares estará perdendo vendas e dinheiro. Caso sua opção seja por 150 exemplares, com um nível de serviço de 25%, também perderá dinheiro e terá prejuízo. Portanto, o máximo lucro está centrado em 113 exemplares.

Sistema de Revisão Periódica

Considerações gerais

Neste sistema os materiais são repostos periodicamente, em uma reposição cíclica de tempos iguais comumente denominados de períodos de revisão. O tamanho do lote de compra é sempre a necessidade capaz de suprir o consumo previsto para o período subseqüente.

Deve ser considerado, também, um estoque de segurança para suportar o estoque em caso de eventuais variações no consumo ou possíveis atrasos no tempo de reposição durante o período de revisão.

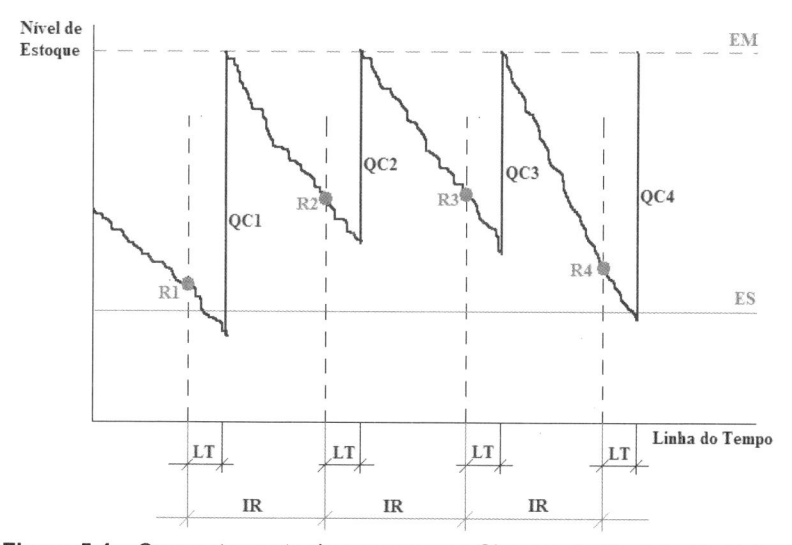

Figura 5.4 – Comportamento do consumo no Sistema de Revisão Periódica

Determinação de parâmetros de gestão

Conforme ilustrado antes, quando é utilizado sistema de reposição periódica, as datas de reposição do estoque são programadas em intervalos fixos e iguais. Os aspectos que devem ser considerados para uma análise completa deste tipo de reposição são os estoques físicos existentes, os consumos no período determinado, os tempos de reposição do material e os saldos das encomendas em andamento.

As revisões devem ser calculadas individualmente para cada item de estoque, de acordo com as necessidades operacionais, porém, em comum acordo com os objetivos financeiros da empresa. Saber equilibrar as ações canalizando-as para a melhor definição de período e lote de compra não é uma tarefa fácil como parece. Períodos de revisões curtos podem acarretar estoques médios altos provocando aumento dos custos de estocagem. Por outro lado, períodos de revisões muito longos podem baixar o estoque médio, mas, em contrapartida, aumentam o custo do pedido de compra além de deixar o estoque vulnerável a rupturas.

É necessária uma análise de custo benefício bem apurada para decidir qual período de revisão se aplica melhor a cada tipo de material e a cada comportamento em relação ao consumo, volume de compra e giro de estoque, lembrando que os períodos de revisões são constantes, mas as quantidades a comprar são variáveis, limitadas pelo parâmetro de estoque máximo.

Lote de compra (QC):

Assim sendo, a quantidade a comprar será o Estoque Máximo (EM) menos a quantidade em estoque (E) na data programada para a revisão.

QC = EM – E, onde:

QC é a quantidade a comprar;

EM é o estoque máximo;

E é o estoque no momento da revisão de estoque.

Estoque máximo (EM):

Para determinar o estoque máximo, além da capacidade de estoque no almoxarifado, deve-se considerar o consumo do material no período de tempo, o "*Lead time*" da compra, a extensão do período de revisão e o estoque de segurança. Desta forma, podemos determinar o estoque máximo (EM), como sendo:

EM = D(IR + LT) + ES, onde:

EM é o estoque máximo;
D é a demanda (consumo na unidade de tempo);
IR é a duração do período de revisão (Intervalo de Revisão);
LT é o "Lead Time" da compra (tempo desde a colocação do pedido de compra até a chegada do material no estoque);
ES é o estoque de segurança.

Exemplo:

Uma empresa consome um determinado tipo de parafuso (cabeça sextavada DIN933, M10 x 45 cm, classe de resistência 5.6). Ela solicita esses parafusos de um fornecedor localizado na cidade vizinha a cada 20 dias. O lead time é de cinco dias. A demanda média dos parafusos é de 280 unidades por semana e a empresa quer manter um estoque de segurança para cobrir seis dias de suprimento. Um pedido de compra deve ser emitido e o estoque disponível é de 240 unidades.

1. Qual é o estoque máximo?
2. Qual deve ser o lote de compra para este pedido?

Solução:

D (Demanda por unidade de tempo)
D = 280 / 7 dias => D = 40 unidades por dia.

ES = 6 x 40 => **ES = 240 unidades**

IR (Intervalo de Revisão) = 20 dias

LT (Lead Time) = 5 dias

E (Estoque disponível) = 240 unidades

EM (Estoque Máximo)
EM = D(IR + LT) + ES
EM = 40(20 + 5) + 240 = 1000 + 240 => **EM = 1240 unidades**

QC (Lote de Compra)
QC = EM − E = 1240 − 240
QC = 1000 unidades.

Pontos Importantes Relacionados aos Sistemas de Controle de Estoque Apresentados Anteriormente

a) O lote econômico é o mais simples dos sistemas de controle de estoques para demanda independente. O Sistema de Revisão Contínua é o próprio lote econômico, porém com algumas hipóteses mais realistas. O Sistema de Reposição Periódica apresenta-se como uma alternativa ao de Revisão Contínua e o Sistema de Encomenda Única serve a propósitos especiais.

b) Ambos os sistemas, o de Revisão Contínua e o de Reposição Periódica, admitem diversas variantes ou modelos particulares, conforme sejam estabelecidas as hipóteses sobre o comportamento do item a controlar. Estas hipóteses dizem respeito principalmente à taxa de consumo (demanda) e ao tempo de espera.

c) No Sistema de Revisão Contínua, o estoque é monitorado continuamente ou a cada transação e nova quantidade é encomendada a qualquer tempo. A quantidade pedida é fixa e, geralmente, igual ao lote econômico. Já no Sistema de Reposição Periódica os pedidos são feitos em datas fixas, mas em quantidades variáveis.

d) Ainda no Sistema de Revisão Contínua, define-se um ponto de ressuprimento que, uma vez atingido, dispara um novo pedido de compra ou uma ordem de produção.

e) O ponto de ressuprimento deve conter o consumo médio durante o tempo de espera, acrescido de um estoque de reserva, que deve prover certo nível de serviço. Este último é definido como a probabilidade de que não haja falta de estoque.

f) No sistema de Reposição periódica define-se um Nível de Referência. Antes de cada pedido, conta-se o estoque em mãos e verifica-se se não existe nenhuma encomenda ainda não entregue. A quantidade que faltar para atingir o nível de Referência será a quantidade a comprar ou fabricar.

g) O Sistema de Revisão Contínua é, em princípio, adequado para itens de custo elevado ou itens críticos para a organização. O Sistema de Reposição Periódica proporciona maiores estoques médios e menores trabalhos administrativos, sendo aconselhável no controle de itens de baixo custo, principalmente se encomendados de poucos fornecedores.

h) No Sistema de Encomenda Única, deve-se encomendar uma quantidade tal que maximize o lucro médio na venda da mercadoria. Essa quantidade será dada indiretamente pelo nível de serviço, que é calculado em função do lucro unitário na venda da mercadoria, do custo unitário e do valor residual.

Exercícios Resolvidos

1. Um item fabricado internamente é vendido à razão média de 300 unidades por dia, com desvio padrão de venda diária de 200 unidades. A demanda anual é estimada em 90.000 unidades. Quando o estoque do item atingir o Ponto de Ressuprimento, é enviada uma Ordem de Serviço ao Departamento de Fabricação, que, após 5 dias, entrega a quantidade requisitada. O custo de preparar as máquinas para a rodada de produção é de R$ 20.000,00 enquanto o custo unitário de manutenção é de 2.000,00 por unidade e por ano. Deseja-se que a falta de estoque do item esteja restrita a 0,3%, ou seja, o nível de serviço deve ser de 99,7%. Determinar:

   a) A quantidade fabricada de cada vez.

   b) O ponto de ressuprimento que atende ao nível de serviço desejado.

   c) O estoque de reserva correspondente.

   d) Marcar os valores encontrados em a), b) e c) num gráfico de dente de serra, simulando o comportamento do estoque do item.

Solução:

a) Este exercício trata de um Sistema de Revisão Contínua, e a quantidade a fabricar dá-se pela fórmula do LEC (Lote Econômico de Compra), com uma diferença, pois neste caso estamos falando em fabricação, então substituiremos o LEC pelo LEF (Lote Econômico de Fabricação), conforme segue:

$$LEF = \sqrt{2C_{PREP}D/C_m} = \sqrt{(2(20000)(90000)/2000}$$

⇨ **LEF = 1342 Unidades**

b) Ponto de Ressuprimento (PR)

O Ponto de Ressuprimento é dado por PR = m + Q_{RES} , ONDE m é a quantidade consumida durante o período de espera (L) e QRES é estabelecido em função do nível de serviço desejado, ou seja, $Q_{RES} = Z\sigma_L$

Temos que: m = Consumo diário X tempo de espera = 300 x 5 => m = 1500

Z representa o número de desvios padrão que, para um NS de 99,7%, é determinado como sendo 3.

Já quanto ao desvio padrão, não podemos considerar o desvio indicado no texto do problema, uma vez que este representa a situação somente de 1 dia. Temos que determinar este desvio para os 5 dias do tempo de espera, pois sabemos que o consumo de cada dia é diferente dos demais em função de uma demanda variável. Para isso usamos a variância para determinar o desvio padrão para os 5 dias.

Então temos que: $\sigma_L^2 = L(\sigma)^2$, onde σ é o desvio padrão diário (200).

Então $\sigma_L = \sqrt{5(200)^2}$ => $\sigma_L = 447$ *unidades*

Logo, PR = m + Q_{RES} = 1500 + 3(447) => PR = 2841 unidades

c) O estoque de reserva é dado por $Q_{RES} = Z\sigma_L = 3(447)$ => Q_{RES} = 1341 um

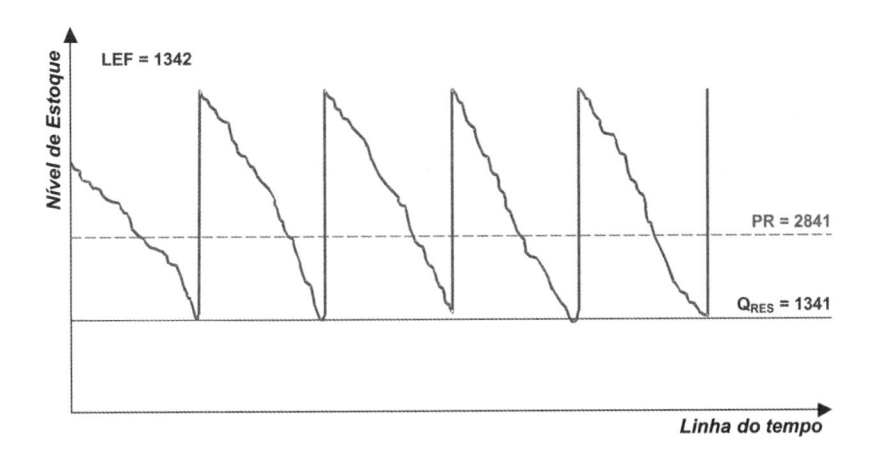

[Gráfico: Nível de Estoque vs Linha do tempo, com LEF = 1342, PR = 2841, Q_RES = 1341]

2. Retomar todos os exemplos do exercício anterior e supor que o item será controlado pelo Sistema de Reposição Periódica, com pedidos separados por um intervalo de 30 dias. Calcular agora:

   a) A média consumida durante (P + L).
   b) O Nível de Referência.
   c) O estoque de reserva Q_{Res}.
   d) Mostrar também em um gráfico as grandezas calculadas em a e b.

Solução:

a) Agora estamos tratando de um Sistema de Reposição Periódica, onde o que dispara o nosso pedido de compra ou ordem de fabricação é a data de Revisão do estoque, de acordo com o período que escolhemos, e as quantidades a comprar ou fabricar são dadas em relação ao Nível de Referência (T).

Neste caso a média consumida em P+L, considerando um consumo diário de 300 unidades, é dada por: m' = Consumo diário x (P+L) = 300(30+5)

⇨ **m' = 10500 unidades**

b) Nível de Referência (T)

O Nível de Referência é dado por: $T = m' + Z\sigma_{(P+L)}$, como já definimos m', resta-nos encontrar o desvio padrão para o período (P+L), uma vez que o Z é o mesmo 3, pois o nível de serviço continua sendo 99,7%. Então, adotando a mesma fórmula do exercício anterior temos:

$\sigma_{(P+L)}^2 = (P+L)(\sigma)^2$, onde; $\sigma_{(P+L)} = \sqrt{(30+5)(200)^2} = \sigma_{(P+L)} =$ *1183 unidades*

Logo: T = 10500 + 3(1183) => ***T = 14049 unidades***

c) Estoque de Reserva (Q_{RES})

Para o estoque de reserva, o cálculo é direto: QRES = $Z\sigma_{(P+L)}$ = *3(1183)*

⇨ Q_{RES} = **3549 unidades**

3. A demanda mensal em uma loja de pneus, para um particular magazine, varia uniformemente entre um mínimo de 100 e um máximo de 150 exemplares. Cada pneu é comprado por R$ 250,00 e vendido por R$ 300,00 o exemplar. Pneus não vendidos ao término do período são colocados à venda sob condições especiais a R$ 100,00 por cada exemplar. Quantas unidades devem ser pedidas de cada vez?

Solução:

Primeiramente é necessário determinarmos o Nível de Serviço que nos permitirá alcançar a quantidade ótima a comprar. O nível de serviço é dado por:

NS = L_{UNIT} / (L_{UNIT} + (C_{UNIT} – R_{UNIT})), onde o L_{UNIT} = P_{VENDA} - C_{UNIT}
=300 – 250=50, logo, teremos:

NS = 50/(50+(250-100) = 50/200 => **NS=0,25**

Como estamos limitados de informações e as únicas medidas estatísticas que possuímos são a demanda mínima (100), a demanda máxima (150), de onde podemos tirar a amplitude que é a diferença entre a Dmáxima e a Dmínima, ou seja, Amplitude = 150-100 = 50. E, é sobre esta amplitude, esta parte variável da demanda, que aplicaremos o Nível de Serviço de 0,25 (25%). E acresceremos a parte fixa da demanda, ou seja, a Demanda Mínima (100 unidades). Então; *Quantidade a comprar = Dmínima + (0,25 x parte variável da demanda)*

= *100 + (0,25 x 50) = 100 + 13 =>*

Quantidade a comprar = 113 unidades

4. A demanda diária de um produto é normalmente distribuída com média de 300 e desvio padrão de 100 unidades. O produto é vendido durante 300 dias no ano. O custo de colocar um pedido é de R$ 50.000,00 enquanto que para manter o produto em estoque são gastos R$ 20.000,00 por unidade e por ano. A mercadoria encomendada é pontualmente entregue após 15 dias contados da data do pedido. Assumindo que o risco desejado de falta do estoque seja de 1%, pede-se:

   a) Determinar a quantidade a comprar de cada vez;

   b) Determinar o ponto de ressuprimento;

   c) Se o estoque de reserva for reduzido à metade do seu valor atual, qual a probabilidade de que haja falta de estoque?

Solução:

a) Estamos diante de um SRC por ter solicitado o Ponto de Ressuprimento, que é uma característica deste sistema. A única informação que nos falta é a Demanda anual, que podemos definir em função do consumo diário e dos dias em que o produto é vendido.

D = 300 dias X 300 unidades/dia = 90000 unidades

Então: $LEC = \sqrt{2C_P D / C_m} = \sqrt{2(50000)(90000)/20000}$

$$\Rightarrow \textbf{\textit{LEC = 671 unidades}}$$

b) Ponto de Ressuprimento (PR)

$PR = m + Z\sigma_L$, ONDE m = 300 un/dia x 10 dias = 3000 unidades

$\sigma_L = \sqrt{10(100)^2}$ = **316 unidades**

Se quisermos permitir apenas 1% de probabilidade de falta de estoque, o nosso Nível de Serviço será de 99%, portanto, para esse nível de serviço, o fator Z será de 2,33, logo;

PR = 3000 + 2,33(316) => PR = 3736 unidades.

c) Se reduzirmos o nosso estoque de reserva pela metade, teremos:

$Q_{RES} = Z\sigma_L /2$ = (2,33(316))/2 = 736/2 => Q_{RES} = **368 unidades**

Logo, se substituirmos o valor anterior na fórmula do estoque de reserva, teremos:

$Q_{RES} = Z\sigma_L$ => $368 = Z(316)$ onde, $Z = 368/316 = 1,16$,

Consultando a tabela, teremos um Nível de Serviço de 88%, o que implica em que, se reduzirmos o nosso estoque de reserva pela metade, ainda haverá 88% de certeza de que não faltará o material. Dependendo da importância do material para o processo e do tempo de reposição, poderemos reduzir o estoque aumentando o capital da empresa.

5. Uma série de artigos para escritório é encomendada ao mesmo distribuidor a cada 30 dias, sendo entregue em 5 dias após o pedido. Entre os artigos estão as folhas de papel sulfite, embaladas em pacotes de 500 folhas. O consumo do papel distribui-se normalmente ao redor de uma média de 6 pacotes diários, com desvio padrão de 2 pacotes. Deseja-se ter a segurança de que em 98% do tempo não falte estoque. Determinar o Nível de Referência e o estoque de reserva adequado a essa política.

Solução:

Estamos diante de uma situação de Sistema de Reposição Periódica, por estar trabalhando com o Nível de Referência.

O nível de referência (T) é dado por: $T = m' + Q_{RES}$
Temos que m' é a média consumida em (P + L), então:
$m' = 6(30 + 5)$ => ***m' = 210 pacotes***

temos também que; $Q_{RES} = Z\sigma_{P+L}$ e podemos determinar o valor de σ_{P+L} através da fórmula $\sigma_{P+L} = \sqrt{(P+L)(\sigma)^2} = \sqrt{35(2)^2}$ => σ_{P+L} = 12 pacotes

Para um fator de 98% de segurança do estoque não faltar temos, conforme tabela um Z = 2,05, então;

$Q_{RES} = Z\sigma_{P+L} = 2,05(12)$ => Q_{RES} = ***25 pacotes***

Logo: $T = m' + Q_{RES} = 210 + 25$ => ***T = 235 pacotes***

6. O restaurante Nossa Casa é famoso por um prato que prepara aos sábados, feito com variedades de peixe e frutos do mar. Cada porção preparada fica em R$ 20,00 e é vendida aos clientes por R$ 60,00. As porções não vendidas devem ser descartadas no dia seguinte, resultando em prejuízo. O gerente do restaurante, Sr. Gustavo, estima que a demanda pelo prato seja normalmente distribuída com média de 30 porções e desvio padrão igual a 20. Quantas porções devem ser preparadas de modo a maximizar o lucro médio?

Solução:

Estamos diante de um Sistema de Encomenda Única e temos que determinar o lucro médio máximo de acordo com as informações.

Primeiro vamos determinar o Nível de Serviço, considerando um LUNIT de (60-20), um CUNIT de 20 e um RUNIT de zero (sendo que porções que sobram são jogadas fora). Então:

NS = LUNIT / (LUNIT + (CUNIT − RUNIT)) = 40 / (40 + (20 − 0)) = 40/60

=> **NS = 0,67**

Para esta situação de Sistema de Encomenda Única não temos os valores de mínimo e máximo, e sim as medidas de média e desvio padrão. Portanto em vez de aplicarmos o nível de serviço sobre a amplitude, como no exercício anterior, aplicaremos este valor de NS sobre a média em função do desvio padrão. Se consultarmos a tabela o valor de Z que corresponde a uma área de 67%, encontraremos Z = 0,44, portanto, para esta situação, determinaremos a quantidade de porções que nos levará ao máximo lucro como sendo;

Número de porções = média de porções + $Z\sigma$

= 30 + 0,44(20) = 30 + 9

=> **Número de porções = 39**

Observe a figura a seguir:

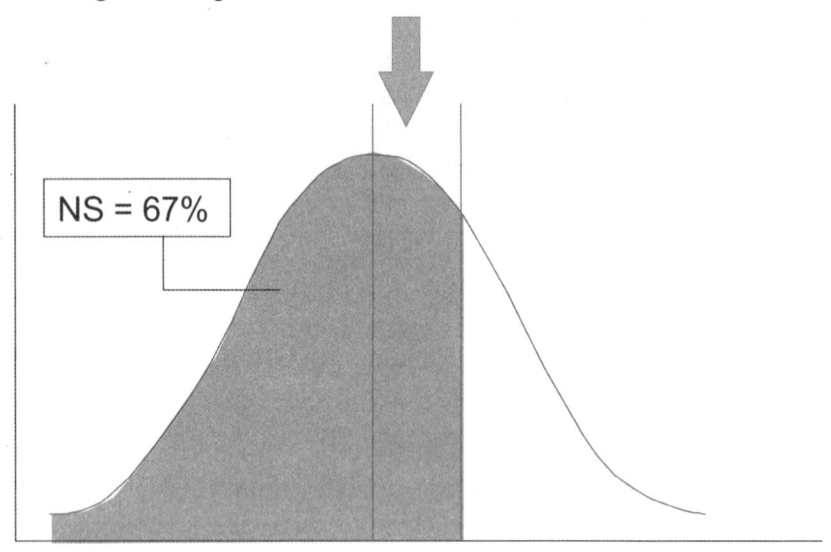

NS = 67%

7. Uma loja especializada em artigos de época está planejando sua encomenda anual de árvores de Natal. A loja opera numa faixa estreita de modelos, vendidos a um preço médio de R$ 200,00 a unidade, contra um custo médio unitário de R$ 100,00. As árvores não vendidas são deixadas em estoque para o ano seguinte e vendidas em promoção ao início de dezembro. Devido aos elevados custos de estocagem, a venda promocional é suficiente para recuperar, em termos líquidos, apenas 50% do valor originalmente pago. Nos anos anteriores, a demanda pelas árvores distribuiu-se da seguinte forma:

Nº de árvores	Freqüência
100	0,2
150	0,1
200	0,3
250	0,2
300	0,1
350	0,1

Deseja-se saber quantas árvores devem ser encomendadas para o ano em curso.

Sistemas de Controle de Estoque • 49

Solução:

Primeiramente determinamos o lucro unitário:

$L_{UNIT} = P_{VENDA} - C_{UNIT}$

$L_{UNIT} = 200 - 100 = 100$ Agora determinaremos o Nível de Serviço;

NS = LUNIT / (LUNIT + (CUNIT – RUNIT)) = 100 / (100 + (100-50)) = 100/150
=> **NS = 0,67**

Para obtermos o lucro máximo temos que atingir a demanda em 67% dos casos, ou seja, a demanda que atingirá uma freqüência acumulada de 67% construirá agora a demanda acumulada:

Demanda	Freqüência	Freqüência Acumulada
100	0,2	0,2
150	0,1	0,3
200	0,3	0,6
250	0,2	0,8
300	0,1	0,9
350	0,1	1,0

Uma maneira mais simples para definição da quantidade de árvores consiste em construir o gráfico com as freqüências acumuladas, conforme segue:

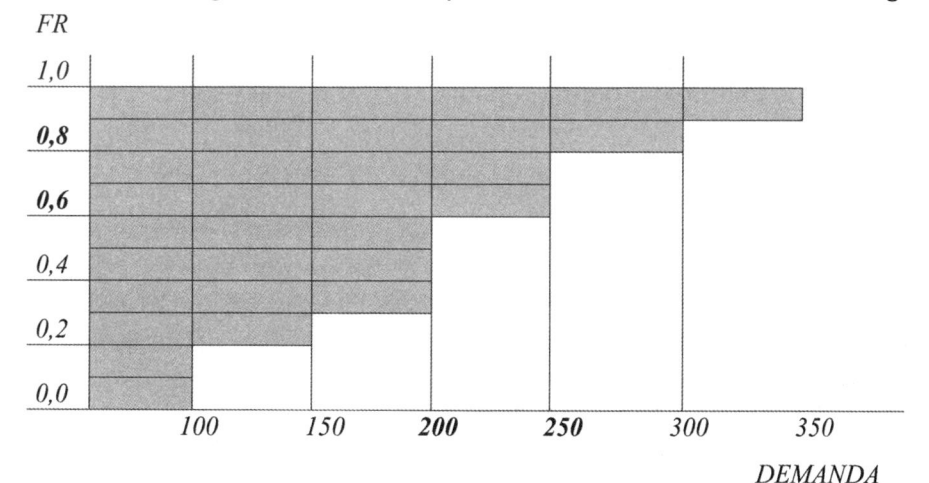

FR

DEMANDA

Conforme gráfico anterior, o nível de serviço de 0,67 nos leva a uma encomenda entre 200 e 250, com níveis de serviço de 60% e 80% respectivamente. Nestes casos fica-se com o nível de serviço mais elevado que é de 80%, que nos leva a **encomendar 250 ávores**.

Outra maneira de se determinar a quantidade a encomendar, neste caso, seria determinar a média consumida e o desvio padrão desta amostragem, aplicar o fator Z, que para 0,67 representa 0,44 sobre o desvio padrão, e somar à média calculada. Porém, para isso, precisaremos saber o tamanho da amostra analisada, informação que não temos disponível, mas que podemos criar e fazer os cálculos.

8. Uma farmácia controla o estoque de certo antibiótico de preço elevado monitorando esse estoque a cada transação. A demanda semanal é de média 10 e desvio padrão 4. O tempo de espera é constante (4 semanas). A farmácia deseja correr um risco de no máximo 3% de que haja falta no estoque. Determine o Ponto de Ressuprimento e o estoque de reserva.

Solução:

Demanda semanal: 10

Desvio padrão: 4

L = 4

Nível de serviço: 97% onde Z = 1,88

PR = m + Zσ_L onde m = 10(L) = 10 x 4 => ***m = 40***

Agora vamos determinar o desvio padrão no tempo de espera (L):

$\sigma_L = \sqrt{4(4)^2}$ = 8 => PR = 40 + 1,88(8) = 40 + 15 => ***PR = 55***

Q_{RES} = Zσ_L = 1,88(8) => ***Q_{RES} = 15***

9. A gráfica da Universidade Livre de Porto Calabar utiliza 20 resmas por dia de certo papel para impressão, com um desvio padrão de 8 resmas. O consumo de papel pode ser convenientemente descrito por uma distribuição normal. O custo de pedir papel ao fornecedor é de R$ 18,00 e o custo de mantê-lo em estoque é de R$ 6,00 por resma e por ano. Considerando hoje um ano útil de 250 dias, determinar:

a) A quantidade comprada de cada vez.
b) O Ponto de Ressuprimento, para um risco de falta de estoque de 5%.
c) O estoque de reserva.

Solução:

a) Quantidade a Comprar (LEC)

DANUAL = 20 resmas/dia x 250 dias = 5000 resmas

$LEC = \sqrt{2C_P D / C_m} = \sqrt{(2 \times 18 \times 5000)/6}$ => **LEC = 54,8 resmas**

b) Ponto de Ressuprimento (PR)

Para um risco de 5% de falta de estoque temos um Nível de Serviço de 95% e, portanto, um fator Z de 1,65. Vamos considerar um tempo de espera (L) de 10 dias (**Esta informação estava faltando no problema**).

Logo temos que PR = m + $Z\sigma_L$ onde m = 20 x 10 = 200 resmas

E, $\sigma_L = \sqrt{10(8)^2}$ = 25,3 então,

PR = 200 + 1,65(25,3) => **PR = 242 resmas**

c) Estoque de reserva

$Q_{RES} = Z\sigma_L = 1,65(25,3)$ => Q_{RES} = **42 resmas**

10. Uma determinada rede de farmácias, espalhada por vários bairros de uma grande cidade, utiliza em média 40 rolos diários de papel para máquina registradora, com um desvio padrão de 10 rolos. Pode-se assumir que a distribuição diária do consumo é normal. A quantidade econômica de compra é de 500 rolos. Desejando-se apenas 2 chances em 1000 de que falte estoque para atender à rede a qualquer tempo, qual deve ser o Ponto de Ressuprimento, sabendo-se que o pedido demora 20 dias para ser atendido?

Solução:

Consumo diário: 40 rolos

Desvio padrão: 10 rolos

LEC = 500 rolos

L = 20 dias

Para 2 chances em 1000 de não faltar estoque temos um nível de serviço de 99,8% e portanto um fator Z de 2,88

PR = m + Zσ_L onde m = 40 x 20 => **m = 800**

$\sigma_L = \sqrt{20(10)^2}$ => σ_L = 44,72 logo temos que:

PR = 800 + 2,88(44,72) => **PR = 929 rolos**

11. Certa indústria química utiliza um determinado produto químico durante um processo de fabricação. O produto é encomendado a cada 30 dias, durante a visita do representante do fornecedor. A entrega é feita então após 10 dias. O consumo diário pode ser aproximado por uma curva de distribuição normal, tendo média de 15 litros (e desvio padrão de 5 litros). O risco aceitável para a falta de estoque não deverá ser mais do que 3%. Para a presente encomenda, a revisão mostrou que restam ainda em estoque 300 litros do produto.

   a) Qual é o nível de referência para o produto?
   b) Quantos litros devem ser encomendados no presente pedido?
   c) Qual é o estoque de reserva?

Solução:

a) Nível de Referência (T)

T = m' + Q_{RES}, onde m' é a quantidade consumida no tempo de espera mais o período de revisão do estoque, então:

m' = 15(30+10) => **m' = 600 litros**

$Q_{RES} = Z\sigma_{(P+L)}$ temos que o fator Z para um risco de 3% de falta de estoque, que representa um Nível de Serviço (NS) de 97%, é 1,88. Agora temos que definir o desvio padrão em (P+L) que é:

$\sigma_{(P+L)} = \sqrt{(P+L)(\sigma)^2} = \sqrt{(30+10)(5)^2} = \sqrt{1000}$ => $\sigma_{(P+L)}$ = 31,62

Então temos que: Q_{RES} = 1,88(31,62) => **Q_{RES} = 60 litros**

Logo: T = 600 + 60 => **T = 660 Litros**

b) Quantidade a comprar no momento (Q1)

Q1 = T – Estoque em mãos = 660 – 300 => Q1 = 360 litros

c) Estoque de reserva (QRES)

$Q_{RES} = Z\sigma_{(P+L)} = 1,88(31,62)$ => **Q_{RES} = 60 litros**

12. Três dos componentes usados na montagem de alguns conjuntos são comprados do mesmo fabricante a cada 15 dias, sendo entregues 5 dias após a colocação dos pedidos. Dados referentes às características de consumo dos componentes e da última revisão em seus estoques são os seguintes:

FASES	Tempo de Espera
Compra de Matérias-primas	2 semanas
Fabricação interna de componentes	3 semanas
Sub-montagens	1 semana
Montagem final	1 semana
TOTAL	7 semanas

Deseja-se ter a segurança de que em 98% do tempo não haja falta de estoque de qualquer um dos componentes. As distribuições de demanda podem ser assumidas como normais. Pede-se o Nível de Referência e a quantidade a encomendar de cada componente.

Solução:

Dados: Período de Previsão (P): 15 dias

   Tempo de espera (L): 5 dias
   Nível de Serviço (NS): 98% que implica em Z = 2,05

$T = m' + Z\sigma_{(P+L)}$

$\sigma_{(P+L)} = \sqrt{(P+L)(\sigma)^2}$

Quantidade a comprar = T – estoque em mãos
m' = (P+L) x Consumo diário médio

Componente H1

m' = (15+5)(90) => m' = 1800

$\sigma_{(P+L)} = \sqrt{(15+5)(40)^2}$ => $\sigma_{(P+L)} = 178{,}89$

$T_{H1} = 1800 + 2{,}05(178{,}89)$ => $T_{H1} = 1979\ unidades$

Então; $Q_{H1} = 1979 - 150$ => $Q_{H1} = 1829\ unidades$

Componente H2

m' = (15+5)(120) => m' = 2400

$\sigma_{(P+L)} = \sqrt{(15+5)(20)^2}$ => $\sigma_{(P+L)} = 89{,}44$
$T_{H2} = 2400 + 2{,}05(89{,}44)$ => $T_{H2} = 2583\ unidades$

Então; $Q_{H2} = 2583 - 600$ => $Q_{H2} = 1983\ unidades$

Componente H3

m' = (15+5)(30) => m' = 600 unidades

$\sigma_{(P+L)} = \sqrt{(15+5)(10)^2}$ => $\sigma_{(P+L)} = 44{,}72$
$T_{H3} = 600 + 2{,}05\ (44{,}72)$ => $T_{H3} = 692\ unidades$

Então; $Q_{H3} = 692 - 50$ => $Q_{H3} = 642\ unidades$

13. Para simplificar seus serviços administrativos, a mesma rede de farmácias, citada no Problema 10, resolve encomendar os rolos de papel para máquina registradora a cada 60 dias. Necessita, então, adotar o Sistema de Reposição Periódica. Assumindo que quaisquer dados de que se precise são os mesmos do Problema 10, determinar o Nível de Referência e o estoque de reserva para a nova política de estoque.

Solução:

Consumo diário: 40 rolos

Desvio padrão: 10 rolos

L = 20 dias e P = 60 dias

Para 2 chances em 1000 de não faltar estoque temos um nível de serviço de 99,8% e portanto um fator Z de 2,88

T = m' + Z$\sigma_{(P+L)}$ onde m' = (P+L)Consumo diário = (20+60)40 => **m' = 3200**

$\sigma_{(P+L)}$ = $\sqrt{(20+60)(10)^2}$ = $\sqrt{8000}$ => **$\sigma_{(P+L)}$ = 89,44**

Então temos que: T = 3200 + 2,88(89,44) => **T = 3458 rolos**

QRES = Zσ(P+L) = 2,88(89,44) => **QRES = 258 rolos**

6

Sistemas MRP

Quando estudamos a teoria elementar dos estoques aprendemos a distinção entre demanda dependente e independente. Quando a demanda de um item depende apenas e diretamente das forças do mercado, diz-se que o item possui demanda independente. E, quando um item depende da demanda de outro item, diz-se que o item possui demanda dependente. Dependência e independência são definidas, pois, para um item em relação a outro. Por exemplo, um automóvel pode ser considerado, dependendo do ponto de vista, como um item de demanda independente. Já, por outro lado, a roda de liga leve que será montada nos carros dessa marca, nesse caso, possui demanda dependente. O fabricante das rodas venderá mais se o carro tiver boa aceitação no mercado.

Um produto final, feito para estoque, é tipicamente um item de demanda independente. As quantidades necessárias de cada uma das partes que o compõem são função da quantidade do produto final – portanto, essas partes são itens de demanda dependente.

Embora parte da demanda independente possa ser dada diretamente, através de pedidos firmes dos clientes (carteira de pedidos), é provável que uma parcela substancial deva ser obtida através de previsões. Por outro lado, a demanda dependente é sempre deduzida da demanda independente, uma vez que esta seja conhecida ou estimada.

O MRP – sigla para *Material Requirement Planning*, ou Planejamento das Necessidades de Material – é uma técnica para converter a previsão de demanda de um item de demanda independente em uma programação das necessidades das partes componentes do item. Conservaremos a sigla MRP devido à sua popularidade e pelo fato de não existir uma sigla equivalente de uso em Português.

A partir da data e da quantidade em que um produto final é necessário, obtêm-se as datas e as quantidades em que as partes componentes são necessárias. A essa desagregação do produto em suas partes componentes dá-se o nome de "explosão".

Em primeiro lugar, o MRP pode ser visto como uma técnica para programar a produção de itens de demanda dependente, já que determina quanto deve ser adquirido de cada item e em que data o item deve estar disponível.

O MRP pode ser visto, em segundo lugar, como um sistema de controle de estoque de itens de demanda dependente. Neste sentido, ele é um sistema proativo, dado que evita a manutenção de estoque, a não ser aqueles destinados à eventualidade (estoque de reserva).

As quantidades dos itens, que serão necessárias à produção, são adquiridas (compradas, montadas ou fabricadas) apenas numa data tal que estejam disponíveis no momento certo de serem usadas na produção.

Nos sistemas de controle de estoque para demanda independente, as ações são tomadas com base em uma data (Sistema de Reposição Periódica) ou numa quantidade remanescente (Sistema de Revisão Contínua); esses sistemas são reativos, exigindo a manutenção permanente do estoque.

Operação do MRP – Insumos e Resultados Fundamentais

Na própria concepção do MRP fica fácil distinguirmos os insumos fundamentais, sem os quais o sistema não pode operar. Como vimos o MRP, a partir da programação da produção de produtos finais (de demanda independente, portanto), determina a programação da compra, fabricação ou montagem das suas partes componentes. As perguntas básicas que devemos habilitar o MRP a responder são as seguintes:

a) Que partes componentes serão necessárias para cumprir a demanda de produtos finais?

b) Em que quantidades essas partes são necessárias?

c) Quando essas partes são necessárias?

Para responder às três perguntas acima, os seguintes insumos são necessários:

- O plano mestre de produção;

- A lista de materiais;
- Os relatórios de controle de estoques.

Daqui a pouco, serão feitos alguns comentários mais detalhados sobre as funções dos insumos citados. Por hora, basta dizer que o plano mestre de produção estabelece quais os produtos finais que serão feitos, em que data e em que quantidades.

A lista de materiais fornece a composição de cada produto, ou seja, dá a base para sua "explosão" e, por último, os relatórios de controle de estoque dizem quais são as quantidades eventualmente remanescentes de cada um dos itens, sejam eles produtos finais ou componentes.

Como resultados principais de sua operação, o sistema MRP fornece:

- O controle do estoque dos componentes;
- A programação da produção em curto prazo para esses componentes;
- O planejamento das necessidades de capacidade, em um nível de detalhamento maior do que aquele dado pelo planejamento agregado.

A figura 6.1, a seguir, ilustra a Operação MRP: Insumos e Resultados Fundamentais:

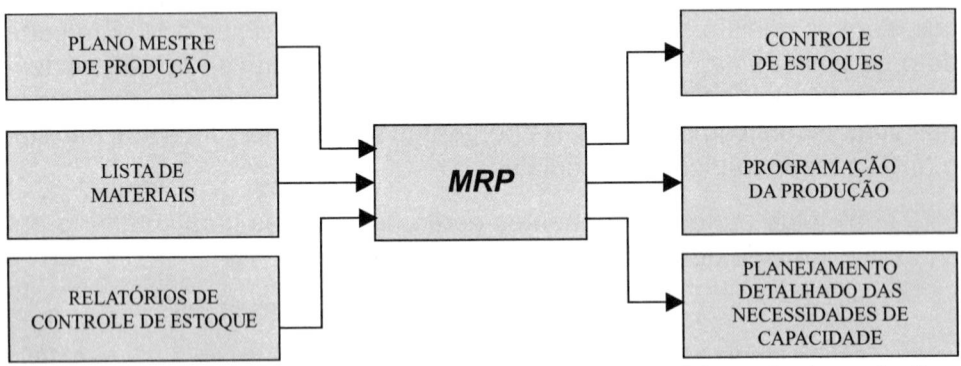

Figura 6.1 – Operação MRP (FONTE: MOREIRA, Daniel A. **Administração da produção e operações**).

A seguir iremos detalhar um pouco mais cada insumo apresentado anteriormente:

Plano Mestre de Produção

O Plano Mestre de Produção, ou simplesmente PMP, estabelece quais produtos serão feitos e em que data. Além da demanda determinada por previsão, o PMP também incorpora demanda de outras fontes: carteira de pedidos de clientes, necessidades de estoque de segurança, demandas de armazéns de distribuição etc.

O horizonte de tempo coberto por um PMP é variável, indo de poucas semanas até 6 meses ou mesmo um ano. Neste ponto, é bom frisar que o horizonte de tempo de um PMP deve cobrir todos os tempos de espera envolvidos na produção do item. Exemplificando, imaginemos um produto cuja produção abranja as seguintes fases:

FASES	Tempo de Espera
Compra de Matérias-primas	2 semanas
Fabricação interna de componentes	3 semanas
Sub-montagens	1 semana
Montagem final	1 semana
TOTAL	7 semanas

Neste caso, o PMP deve cobrir pelo menos sete semanas, para que seja possível trabalhar com os sistemas MRP; além disso, se não existirem estoques de matérias-primas, componentes e sobressalentes, a data mais próxima em que se poderá obter o produto final é daqui a sete semanas, fazendo-se hoje o pedido de compra das matérias-primas.

O Plano Mestre de Produção, portanto, é fundamental para que o MRP possa determinar quanto de cada parte do componente deve ser adquirido e quando programar a produção. Dado um produto final, as suas partes constituintes são dadas pela lista de materiais.

Lista de Materiais

A lista de materiais de um produto final é uma lista de todos os componentes deste produto. Ela nos mostra a relação hierárquica entre o produto e os componentes e quanto de cada componente é preciso ter para a obtenção de uma unidade de determinado produto final.

Uma forma de visualizar essa relação hierárquica é através da *árvore de estrutura do produto,* conforme ilustrado a seguir:

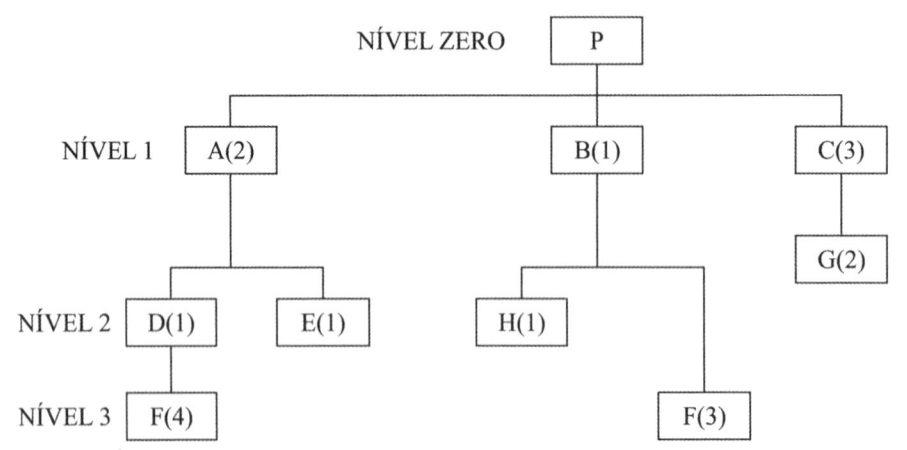

```
NÍVEL ZERO      P
                |
NÍVEL 1    A(2)         B(1)         C(3)
                                      |
                                     G(2)

NÍVEL 2   D(1)   E(1)   H(1)

NÍVEL 3   F(4)                 F(3)
```

Figura 6.2 – Árvore de Estrutura de Produto (FONTE: MOREIRA, Daniel A. **Administração da produção e operações**).

A árvore é dividida em níveis hierárquicos, numerados de forma crescente quanto maior for a desagregação.

Assim, o **nível zero** corresponde ao próprio produto final; o **nível 1** aos agrupamentos primários de componentes que, combinados, fornecem diretamente o produto final; o **nível 2** aos agrupamentos secundários de componentes que formam os agrupamentos primários e assim por diante.

Para cada um dos componentes e agrupamentos de componentes, o número que comparece entre parênteses na figura 6.2 representa quantas unidades são necessárias para formar uma unidade do agrupamento imediatamente superior.

Vemos então que *para uma unidade de P (Produto Final), são necessárias duas unidades de A, uma unidade de B e três unidades de C; por sua vez, para uma unidade de A, são necessárias uma unidade de D e uma de E, e assim por diante.*

Sistema MRP • 61

Exemplo:

Levando em conta a árvore de estrutura da figura 6.2, determinar quantas unidades de cada componente final será necessário para se obterem 200 unidades do produto final **P**.

Solução:

Para os subconjuntos A, B e C;

Temos que para 1P, precisamos de 2A + 1B + 3C

Portanto, para 200P, precisaremos de (200x2)A + (200x1)B + (200x3)C, ou seja: 400 unidades de A, 200 unidades de B e 600 unidades de C.

Para os subconjuntos D, E, F, G e H;

 a) Para 1A precisamos de 1D, portanto para 400A precisaremos de 400 unidades de D.

 b) Para 1D precisamos de 4F, portanto para 400D precisaremos de (400x4)F, ou seja: precisaremos de 1600 unidades de F.

 c) Para 1A precisamos 1E, portanto para 400A precisaremos de 400 unidades de E.

 d) Para 1B, precisamos de 1H e 3F, portanto, para 200B, precisaremos de (200x1)H e (200x3)F, ou seja, precisaremos de 200 unidades de H e 600 unidades de F.

 e) Para obtermos 1C precisamos de 2G, portanto para 600C precisaremos de (600x2)G, ou seja, precisaremos de 1200 unidades de G.

Resposta: para fabricar 200 unidades do produto P serão necessárias as seguintes quantidades:

- 400 unidades de A,
- 200 unidades de B,
- 600 unidades de C,
- 400 unidades de D,

- 400 unidades de E,
- (1600+600) unidades de F,
- 1200 unidades de G e,
- 200 unidades de H.

Relatório de controle de estoques

O último insumo básico de que se vale o sistema MRP são os relatórios de controle de estoques. Cada item ou componente da lista de materiais deve ter o seu estoque rigorosamente controlado, de forma que seja estabelecida a quantidade certa necessária, quando se precisar adquirir o item. Tipicamente, esse controle pode incluir, por exemplo:

- ✓ O código de identificação do componente;
- ✓ A quantidade atual em estoque;
- ✓ As quantidades eventualmente já encomendadas;
- ✓ O tempo de espera;
- ✓ O tamanho do lote de compra, fabricação ou montagem.
- ✓ Etc.

A cada nova transação ocorrida, o sistema deve ser hábil para se atualizar; caso contrário não conseguirá um bom funcionamento do MRP.

Processamento do MRP

A dinâmica de processamento no MRP parte da quantidade desejada de um produto final numa data especificada, informações estas fornecidas pelo plano mestre de produção. A partir daí, faz-se a "explosão" do produto nas necessidades dos componentes, com a devida defasagem de tempo.

Recordando a árvore de estrutura do produto, os subconjuntos e componentes do nível 1 devem estar disponíveis antes da data em que o produto precisa estar pronto; para se saber *quanto* significa *antes*, é preciso conhecer o tempo que se leva para montar os subconjuntos e conjuntos do nível 1 para se chegar ao produto final.

O que acabamos de dizer é ilustrado pelo cronograma de montagem no tempo da figura 6.3, a seguir, que é referente ao produto P cuja árvore foi exibida anteriormente.

Id	ATIVIDADE	TEMPO
1	INÍCIO	0 semanas
2	Comprar Matéria-prima G	3 semanas
3	Fabricar G	1 semana
4	Submontagem de C	2 semanas
5	Comprar H	2 semanas
6	Comprar Matéria-prima F	3 semanas
7	Fabricar F	1 semana
8	Submontagem de B	3 semanas
9	Submontagem de D	2 semanas
10	Comprar Matéria-prima E	2 semanas
11	Fabricar E	3 semanas
12	Submontagem de A	1 semana
13	Montagem de P	1 semana
14	TÉRMINO	0 semanas

Figura 6.3 – Cronograma de montagem para o produto P

No cronograma anterior foram feitas várias suposições; a primeira delas refere-se à data em que o produto P deverá estar pronto, qual seja, ao final da semana 12. Consideraram-se verdadeiros também todos os elementos da figura que especificam que componentes são fabricados ou comprados, bem como os tempos de espera para sua obtenção. Exemplificando, como a montagem final demora uma semana, ela deve começar no início da semana 12 (ou final da semana 11). Nesta data, deverão estar disponíveis os subconjuntos A, B e C.

Focalizando o subconjunto B, é possível identificar que sua montagem deve começar no início da semana 9 (ou final da semana 8), já que o tempo de montagem é de três semanas. Ao final da semana 8, então, deverão estar disponíveis os componentes H e F. Como o componente H, após a compra, demora duas semanas para ser entregue, a Ordem de Compra deve ser colocada no fornecedor ao final da semana 6 (ou no início da semana 7).

Por sua vez, o componente F é fabricado internamente, com o tempo de espera de uma semana; a Ordem de Fabricação deverá ser emitida ao final da semana 7 (ou início da semana 8). Finalmente, a matéria-prima para fabricar o componente F demora três semanas para ser entregue, motivo pelo qual sua Ordem de Compra deve ser colocada ao final da semana 4 (ou início da semana 5). O mesmo raciocínio de caminhar "de frente para trás" vale para os outros subconjuntos (A e C).

Ao "explodir" o produto em seus componentes, usando as informações do Plano de Mestre de Produção e da Lista de Materiais, o que se obtém são as *Necessidades Brutas* de cada componente.

Eventualmente, poderá haver algum estoque remanescente ou mesmo algum pedido anteriormente encaminhado que gere algum recebimento programado de material. Após obter as Necessidades Brutas, o MRP calcula as *Necessidades Líquidas*, descontando o estoque já disponível em mãos e os recebimentos programados:

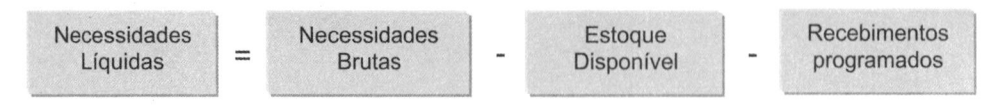

$$\text{Necessidades Líquidas} = \text{Necessidades Brutas} - \text{Estoque Disponível} - \text{Recebimentos programados}$$

Embora a igualdade anterior não deixe provisão alguma para os estoques de segurança, se convenientes, é claro que eles podem somar-se originalmente às Necessidades Brutas. Uma Liberação de Ordem (de compra, fabricação ou montagem) deve levar em conta a quantidade de componente e ser expedida numa data tal que ele deverá estar disponível exatamente no momento em que seja necessário.

Não há obrigatoriedade de que a quantidade do item constante da ordem de compra, fabricação ou montagem seja exatamente igual às Necessidades Líquidas. Evidentemente, esta é a solução mais simples e direta, mas existem outras opções, que serão discutidas mais adiante. Apenas de passagem e como exemplo, é possível pedir em quantidades fixas, iguais ou não ao Lote Econômico do componente.

A programação fornecida pelo MRP mais comumente usada possui as seguintes informações para cada item:

- ✓ Uma escala de tempos, geralmente semanal;
- ✓ A identificação do item;
- ✓ As Necessidades Brutas e suas datas;
- ✓ O Estoque Disponível;
- ✓ Os Recebimentos Programados e suas datas;

✓ As Necessidades Líquidas Necessárias e suas datas;
✓ As datas e quantidades de cada Liberação de Pedido de Compra.

Para ajudar visualmente nos exemplos que se seguem, sugere-se a disposição das informações anteriores em uma tabela conforme modelo a seguir:

Item:

Semana	1	2	3	4	5	6	7	8	9	10	11	12
Necessidades Brutas												
Estoque Disponível												
Recebimentos Programados												
Necessidade Líquida Necessária												
Liberação do Pedido de Compra												

Na tabela compareçam todas as informações mais relevantes que foram apresentadas: o Estoque Disponível e os Recebimentos Programados são subtraídos do Estoque Bruto Necessário, gerando então as Necessidades Líquidas; a linha Liberação do Pedido de Compra mostrará ao mesmo tempo a quantidade a pedir e a data em que a ordem deverá ser expedida.

Exemplo 01

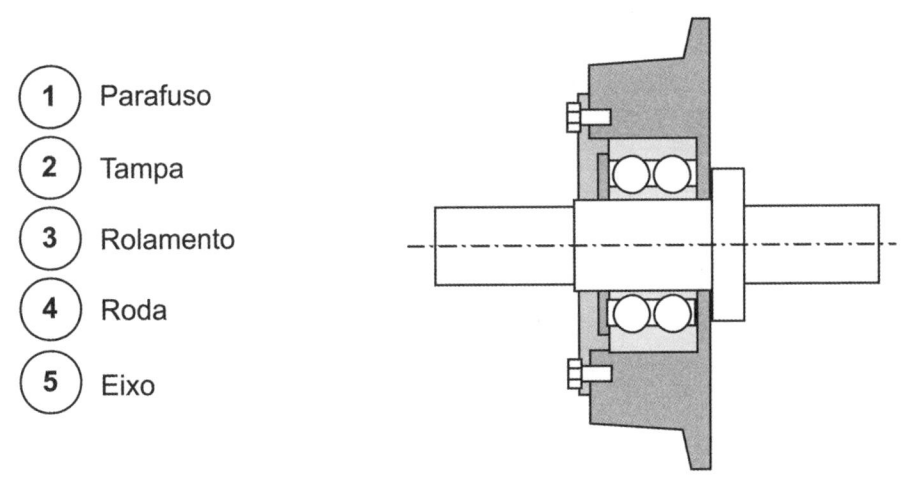

(1) Parafuso

(2) Tampa

(3) Rolamento

(4) Roda

(5) Eixo

A demanda real para um conjunto de rodas em aço para as próximas 12 semanas é de 200 unidades, sendo uma entrega de 80 unidades no início da semana 5 e outra de 120 unidades no início da semana 11, segundo a tabela a seguir:

Item: Conjunto de Roda em Aço

Semana	1	2	3	4	5	6	7	8	9	10	11	12
Necessidades Brutas					80						120	

O conjunto de roda em aço é composto por um eixo, uma roda, um rolamento, uma tampa e seis parafusos: os seis parafusos são distribuídos de forma eqüidistante para fixar a tampa na roda e segurar o rolamento na posição central da roda, conforme ilustrado na figura anterior.

Na próxima figura, estão ilustradas as peças necessárias para montagem de um conjunto de roda.

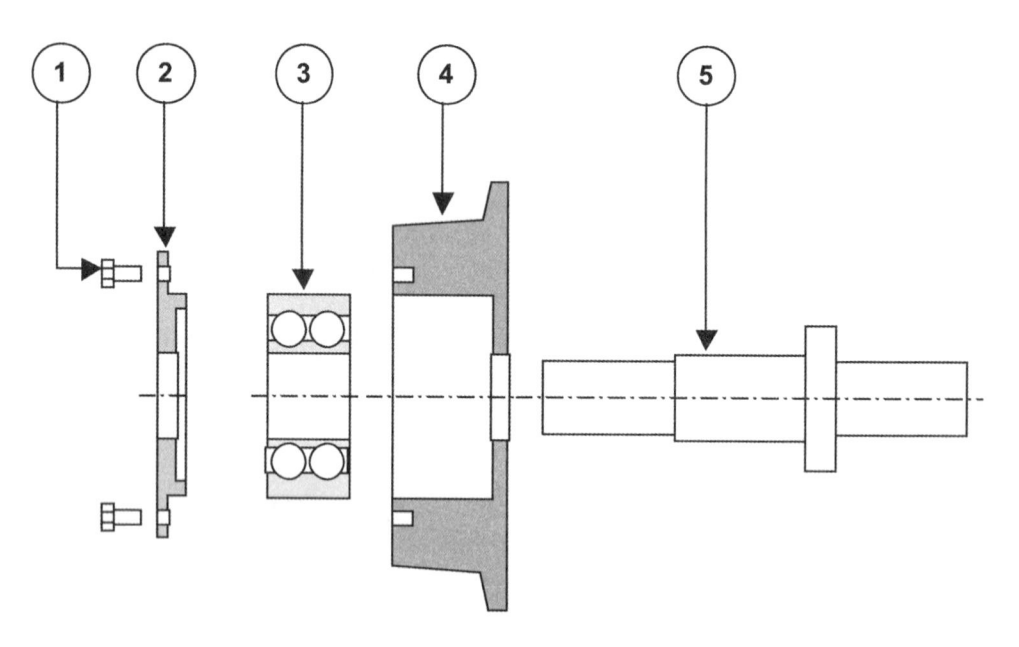

São conhecidos ainda os seguintes tempos de espera e estoques remanescentes:

Item	Operação	Tempo de espera	Estoque atual
Conjunto roda	Montagem	1 semana	10 unidades
Eixo	Fabricação	1 semana	60 unidades
Roda	Fabricação	1 semana	80 unidades
Rolamento	Compra	2 semanas	50 unidades
Tampa	Fabricação	1 semana	70 unidades
Parafusos	Compra	1 semana	360 unidades

Pede-se:

a) Desenvolver um cronograma de montagem no tempo;

b) Preencher uma tabela MRP para cada um dos itens: conjunto de roda, eixo, roda, rolamento, tampa e parafusos, considerando que as quantidades requisitadas são exatamente iguais às Necessidades Líquidas.

Solução:

a) Cronograma de montagem

O cronograma de montagem no tempo, mostrado a seguir, leva em conta as seqüências operacionais e os tempos de espera respectivos.

Id	ATIVIDADE 2006	TEMPO
1	INÍCIO	0 semanas
2	**PRIMEIRO LOTE**	**4 semanas**
3	Fabricar eixos	1 semana
4	Fabricar rodas	1 semana
5	Fabricar tampas	1 semana
6	Comprar rolamentos	2 semanas
7	Comprar parafusos	1 semana
8	Montar conjuntos de rodas	1 semana
9	Entrega primeiro lote	0 semanas
10	**SEGUNDO LOTE**	**7 semanas**
11	Fabricar eixos	1 semana
12	Fabricar rodas	1 semana
13	Fabricar tampas	1 semana
14	Comprar rolamentos	2 semanas
15	Comprar parafusos	1 semana
16	Montar conjuntos de rodas	1 semana
17	Entrega segundo lote	0 semanas
18	TÉRMINO	0 semanas

Considerando a semana 5 como a data de entrega do primeiro lote, faz-se necessário iniciar os processos de fabricação dos executados em série e que perfazem o tempo total de 3 semanas logo na primeira semana, sendo que temos mais uma semana para a montagem dos conjuntos.

As compras podem ser executadas em paralelo com o processo de fabricação por consumirem o mesmo tempo de três semanas. Neste caso, fazer as compras em seqüência, ao invés de em paralelo, pode proporcionar uma melhor distribuição do fluxo de caixa, com desembolsos sendo realizados em períodos diferentes.

b) Montagem da tabela MRP para o conjunto de roda e seus componentes.

Na montagem das tabelas, começamos pelo produto final (conjunto de roda) e, de posse das Necessidades Líquidas, calculamos as Necessidades Líquidas dos seus componentes.

Cada conjunto de roda necessitará de um eixo, uma roda, um rolamento, uma tampa e seis parafusos.

Considerando que o tempo de montagem do conjunto de roda é de uma semana, os componentes deverão estar disponíveis uma semana antes da data de entrega programada, ou seja, oitenta conjuntos na semana 5 e cento e vinte conjuntos na semana 11.

A seguir, estão as tabelas para todos os itens:

Item: Conjunto de Roda

Semana	1	2	3	4	5	6	7	8	9	10	11	12
Necessidades Brutas					80						120	
Estoque Disponível					10	0	0	0	0	0	0	0
Recebimentos Programados					0						0	
Necessidade Líquida Necessária					70						120	
Liberação do Pedido de Compra				70						120		

Item: Eixo

Semana	1	2	3	4	5	6	7	8	9	10	11	12
Necessidades Brutas					70						120	
Estoque Disponível					60	0	0	0	0	0	0	0
Recebimentos Programados					0						0	
Necessidade Líquida Necessária					10						120	
Liberação do Pedido de Compra				10						120		

Item: Roda

Semana	1	2	3	4	5	6	7	8	9	10	11	12
Necessidades Brutas					70						120	
Estoque Disponível					80	10	10	10	10	10	10	0
Recebimentos Programados					0						0	
Necessidade Líquida Necessária					0						110	
Liberação do Pedido de Compra				0						110		

Item: Rolamento

Semana	1	2	3	4	5	6	7	8	9	10	11	12
Necessidades Brutas					80						120	
Estoque Disponível					50	0	0	0	0	0	0	0
Recebimentos Programados					0						0	
Necessidade Líquida Necessária					30						120	
Liberação do Pedido de Compra			30							120		

Item: Tampa

Semana	1	2	3	4	5	6	7	8	9	10	11	12
Necessidades Brutas					80						120	
Estoque Disponível					70	0	0	0	0	0	0	0
Recebimentos Programados					0						0	
Necessidade Líquida Necessária					10						120	
Liberação do Pedido de Compra				10						120		

Item: Parafusos

Semana	1	2	3	4	5	6	7	8	9	10	11	12
Necessidades Brutas					420						720	
Estoque Disponível					360	0	0	0	0	0	0	0
Recebimentos Programados					0						0	
Necessidade Líquida Necessária					60						720	
Liberação do Pedido de Compra				60						720		

A interpretação das tabelas é bem simples: vamos pegar apenas um exemplo e ver como definir as ações necessárias para atender às necessidades de entrega negociadas com o cliente.

Se observarmos os dados fornecidos para o componente parafuso, o qual necessita de seis unidades para formar um conjunto de roda em questão, sabemos que temos um estoque de trezentos e sessenta unidades contra uma necessidade de quatrocentos e oitenta somente na primeira entrega programada para a semana 5 (6 x 80 = 480). Portanto, para atender às quantidades programadas para as entregas, precisaremos comprar de início um montante equivalente a 120 unidades na semana 4, considerando o tempo de espera para este item de uma semana e mais 720 unidades na semana 10, para atender à entrega programada para a semana 11.

Esta mesma análise deve ser repetida para os demais itens necessários para montagem dos conjuntos de rodas. Esta análise e o preenchimento das tabelas de necessidades devem considerar a opção por comprar somente as quantidades líquidas necessárias para atender às entregas.

Exemplo 02

Agora vamos refazer o exemplo anterior, assumindo agora que o conjunto de roda e seus componentes têm os seguintes lotes de montagem e fabricação:

Componentes	Lotes de montagem e fabricação
Eixo	100
Roda	150
Rolamento	100
Tampa	130
Parafuso	500

Com os dados referentes aos lotes de compra e de fabricação de cada componente, o próximo passo será elaborar as tabelas de necessidades.

Item: Conjunto de Roda

Semana	1	2	3	4	5	6	7	8	9	10	11	12
Necessidades Brutas					80						120	
Estoque Disponível					10						0	0
Recebimentos Programados					0						0	
Necessidade Líquida Necessária					70						120	
Liberação do Pedido de Compra				70						120		

Item: Eixo

Semana	1	2	3	4	5	6	7	8	9	10	11	12
Necessidades Brutas					70						120	
Estoque Disponível					60	90	90	90	90	90	90	70
Recebimentos Programados					0						0	
Necessidade Líquida Necessária					0						30	
Liberação do Pedido de Compra					0						100	

Item: Roda

Semana	1	2	3	4	5	6	7	8	9	10	11	12
Necessidades Brutas					70						120	
Estoque Disponível					80	10	10	10	10	10	10	40
Recebimentos Programados					0						0	
Necessidade Líquida Necessária					0						110	
Liberação do Pedido de Compra				0						100		

Item: Rolamento

Semana	1	2	3	4	5	6	7	8	9	10	11	12
Necessidades Brutas					70						120	
Estoque Disponível					50	80	80	80	80	80	80	60
Recebimentos Programados					0						0	
Necessidade Líquida Necessária					20						40	
Liberação do Pedido de Compra			100							100		

Item: Tampa

Semana	1	2	3	4	5	6	7	8	9	10	11	12
Necessidades Brutas					70						120	
Estoque Disponível					70	0	0	0	0	0	0	10
Recebimentos Programados					0						0	
Necessidade Líquida Necessária					0						120	
Liberação do Pedido de Compra				0						130		

Item: Parafusos

Semana	1	2	3	4	5	6	7	8	9	10	11	12
Necessidades Brutas					420						720	
Estoque Disponível					360	440	440	440	440	440	440	220
Recebimentos Programados					0						0	
Necessidade Líquida Necessária					60						280	
Liberação do Pedido de Compra				500						500		

O leitor não terá dificuldades em reconstituir as tabelas. Basta lembrar que, quaisquer que sejam as Necessidades Líquidas, a Liberação do pedido é feita para quantidades fixas.

Fora a linha de liberação de Ordem, apenas a linha de Estoque Disponível é afetada; o Estoque Disponível será sempre a diferença entre a quantidade constante na Liberação de Ordem e as Necessidades Líquidas.

Tamanho do Lote no MRP

Nos exemplos anteriores, usamos dois diferentes critérios para definir a quantidade a pedir. No primeiro exemplo, pedia-se exatamente a quantidade necessária de cada componente em função da demanda do produto final; essa sistemática é conhecida como pedido **lote por lote**. Já no segundo exemplo, as quantidades pedidas dos itens eram fixas independentemente da demanda do produto final num particular momento.

Essas foram apenas duas das formas possíveis de se resolver o problema da quantidade a pedir, existindo muitas outras opções. Por detrás do problema formal de se definir uma quantidade para um determinado item, existe na verdade uma tentativa de minimização dos custos associados a essa quantidade.

As quantidades que se definem serão ou compradas ou fabricadas internamente. Para simplificar, pensemos apenas na fabricação interna; não haverá dificuldades posteriores em se transpor o raciocínio para itens comprados externamente.

Pensando, pois, na fabricação interna, de um lado existem os custos associados à preparação das máquinas para a rodada de produção. Rodadas constantes de produção implicam em diversas preparações, o que eleva os custos totais de preparação. Neste sentido, rodadas maiores de produção (ou seja, quantidades maiores fabricadas) seriam preferíveis. Quanto maior for a quantidade fabricada, menor o número de rodadas de produção e menor o custo total das preparações de máquinas.

A fabricação em grandes lotes irá fatalmente gerar estoques e prejudicar uma das grandes vantagens do MRP, que é a possibilidade de reduzir os estoques.

Estoques maiores geram custos de manutenção relativamente mais elevados. A questão que se coloca é bem simples: as alterações na quantidade fabricada agem de duas formas diametralmente opostas sobre os dois tipos fundamentais de custos: custos de preparação de máquinas e custos de manutenção dos estoques gerados.

Trata-se, portanto, de fabricar em quantidades tais que a soma dos custos de preparação e custos de manutenção seja a mínima possível dentro de um determinado período de tempo.

Tudo que dissemos para a fabricação interna de itens aplica-se também para os itens comprados. Nenhuma observação adicional é necessária no tocante aos custos de manutenção, que são os mesmos quer o item seja comprado ou fabricado internamente.

Os custos de preparação das máquinas são substituídos no raciocínio anterior pelos custos de pedir a mercadoria, que serão tanto maiores quanto mais pedidos (de menores quantidades) forem feitos.

Tendo em mente esse referencial de mínimo custo, veremos algumas soluções de como fixar as quantidades dos componentes no MRP.

Lote por lote

É a solução mais simples, pois a quantidade a pedir é imediata. Repare que com a estratégia de se pedir o item na quantidade exatamente necessária teoricamente o custo de manutenção é zero, já que nesta situação os estoques não existem.

Na prática, para esta solução, devemos incluir o estoque de reserva, pelo menos para alguns componentes. Os custos de preparação (ou de pedidos) podem ser altos quando o número de rodadas de produção (ou de pedidos de compra) for alto.

Pedido em Lotes Econômicos

Para itens de demanda independente, as quantidades podem ser compradas ou fabricadas em lotes econômicos. No entanto, o conceito de lote econômico obriga a que a taxa de consumo do item, ou seja, seu consumo na unidade de tempo, seja aproximadamente constante.

Essa condição poderá eventualmente ser satisfeita por itens de níveis mais baixos na árvore de estrutura de produto que sejam comuns a muitos produtos, de forma que estejam sendo constantemente usados.

Num caso mais geral, porém, em se tratando de itens de demanda dependente, que são utilizados em épocas bem determinadas e praticamente desnecessárias em outros momentos, claramente nos afastamos muito da hipótese de taxa de consumo constante.

Podemos concluir que o conceito de lote econômico é um tanto quanto forçado quando aplicado aos itens controlados pelo sistema MRP.

Por outro lado, sempre é possível definir um lote econômico para um item, considerando-se grosseiramente constante a sua taxa de consumo. Para tanto, essa pode ser fixada como o valor médio entre as quantidades consumidas ao longo de um período de tempo suficientemente longo.

Lotes econômicos assim calculados podem conduzir a menores custos se comparados aos obtidos quando optamos por pedido lote por lote.

7

Avaliação de Estoque

O controle e avaliação do estoque é uma importante função normalmente ligada à área de administração de materiais. Como registrar as entradas de almoxarifado, as saídas e como valorizar os itens estocados utilizando os métodos adequados serão alguns dos tópicos abordados neste capítulo.

Independentemente do método escolhido para avaliar o estoque de sua empresa e da forma de registro escolhida, este deve controlar o volume físico do estoque e o volume financeiro que envolve este estoque físico.

Normalmente as empresas se baseiam para avaliar os estoques pelo preço de mercado dos materiais estocados, exceto para os materiais de fabricação própria, onde é considerado, para esses casos, o custo de fabricação desses materiais.

Para maior precisão na avaliação do estoque é necessário que as empresas tenham, além de um bom sistema de controle de estoque, rotinas de inventários bem definidas para garantir assertividade do estoque físico.

A avaliação dos estoques pode ser feita através dos métodos de custo de reposição, UEPS, PEPS ou pelo custo médio. Esses métodos registram as quantidades de entradas, de saídas, os preços de entradas e definem qual o valor a ser computado ou considerado quando da baixa do estoque.

Método do custo de reposição

A avaliação dos estoques através do custo de reposição considera a alteração dos custos de repor o estoque num período de curto prazo em relação aos índices de inflação vigentes no mercado.

Este método é utilizado através da projeção trimestral da inflação, aplicando esse índice aos custos unitários de reposição dos itens em avaliação.

Para cálculo do custo de reposição temos a seguinte fórmula:

CR = PU + (PU * Índice de inflação), onde:
CR = Custo de Reposição (Custo Unitário de Reposição);
PU = Preço Unitário.

Exemplo: Uma empresa do ramo de transportes tem em seu almoxarifado 500 pneus a um preço unitário (PU) de R$ 600,00. Sabendo que a projeção da inflação para o próximo trimestre é de 15%, determine o custo de reposição (CR).

PU = R$ 600,00
Percentual de inflação = 15%
Índice de inflação = 0,15

CR = 600,00 + (600,00 * 0,15)
CR = 600,00 + 90,00
CR = R$ 690,00

Método UEPS

A sigla UEPS é a abreviação de o *Último que Entra é o Primeiro que Sai*. As empresas que utilizam o método UEPS registram as baixas de estoque pelas últimas entradas primeiramente e, por conseguinte, as saídas do estoque são valorizadas pelos preços e quantidades das últimas entradas.

Em períodos de instabilidade da economia, com inflação alta, a utilização deste método coloca os preços dos itens estocados no valor de mercado.

Na utilização do método UEPS, o valor do saldo do estoque se apresentará menor do que para os demais métodos.

Vamos utilizar o mesmo exemplo para comparar este método com os dois outros métodos que se seguem.

Consideremos os seguintes dados referentes à empresa de transportes do exemplo anterior: uma entrada de 20 pneus em 15/5/07 a R$300,00 a unidade, outra entrada de 25 pneus em 17/5/07 a R$400,00 a unidade e a última entrada de 40 pneus em 18/5/07 a R$450,00. Sabe-se que houve uma saída do estoque de 30 unidades em 22/5/07 e outra de 25 unidades em 23/5/07. Determine qual o saldo físico do estoque e o custo deste estoque utilizando o método UEPS de avaliação.

Solução: Movimentação de estoque e valor do saldo pelo método UEPS.

DATA	ENTRADAS			SAÍDAS			SALDO	
	Qtde	Preço Unit	Total	Qtde.	Preço Unit	Total	Qtde.	TOTAL
15/5	20	300	6.000				20	6.000
17/5	25	400	10.000				45	16.000
18/5	40	450	18.000				85	34.000
22/5				30	450	13.500	55	20.500
23/5				10	450	4.500	45	16.000
23/5				15	400	6.000	30	10.000

Método PEPS

A sigla PEPS é a abreviação de o *Primeiro que Entra é o Primeiro que Sai*. Diferentemente do método anterior, quem aplica este método avalia o estoque de acordo com a seqüência de entrada dos materiais no almoxarifado.

Este método se aplica muito bem no controle físico, quando há alto giro dos estoques ou quando se trata de materiais perecíveis com data de validade curta. Neste caso, a aplicação do método PEPS evita a obsolescência dos materiais e contribui para evitar o desperdício.

Aproveitando as informações simuladas no método anterior, veja como fica a movimentação do estoque com a aplicação do método PEPS.

Solução: Movimentação de estoque e valor do saldo pelo método PEPS.

DATA	ENTRADAS			SAÍDAS			SALDO	
	Qtde.	Preço Unit	Total	Qtde.	Preço Unit	Total	Qtde.	TOTAL
15/5	20	300	6.000				20	6.000
17/5	25	400	10.000				45	16.000
18/5	40	450	18.000				85	34.000
22/5				20	300	6.000	65	28.000
22/5				10	400	4.000	55	24.000
23/5				15	400	6.000	40	18.000
23/5				10	450	4.500	30	13.500

Método de avaliação baseado no Custo Médio

É o método de avaliação do estoque mais usado pelas empresas, onde o valor a ser computado durante as retiradas de almoxarifado é definido pelo preço médio total das compras do item. Este método absorve bem as variações de preços do item e propicia uma avaliação dos estoques mais próxima da realidade de mercado.

O preço médio que será atribuído a cada item que sair do estoque é determinado pela fórmula seguinte:

PM = ($\sum$ (QE*PU)) / QT onde,

PM = Preço Médio

QE = Quantidade de Entrada

PU = Preço Unitário de Entrada

QT = Quantidade Total em Estoque

Desta forma podemos determinar os preços médios usando as mesmas informações dos exemplos anteriores, conforme segue:

Preço médio em 15/5/07:
PM(15/5) = (200*30)/200 => **PM(15/5) = R$30,00**

Preço médio em 17/5/07:
PM(17/5) = ((20*300)+(25*400)) / (20+25) = 16000/450
PM(17/5) = R$355,55

PM(18/5) = ((20*300)+(25*400)+(40*450)) / (20+25+40)
PM(18/5) = 34000/85 => **PM(18/5) = R$40,00**

Solução: Movimentação de estoque e valor do saldo pelo método de Custo Médio.

DATA	ENTRADAS			SAÍDAS			SALDO		
	Qtde	Preço Unit	Total	Qtde	Preço Unit	Total	Qtde	TOTAL	MÉDIO
15/5	20	300	6.000				20	6.000	300,00
17/5	25	400	10.000				45	16.000	355,55
18/5	40	450	18.000				85	34.000	400,00
22/5				30	400	12.000	55	22.000	400,00
23/5				25	400	10.000	30	12.000	400,00

8
Gestão de Estoque

Gestão de estoques é uma das funções da administração de materiais responsável pela previsão, registro e controle da movimentação dos materiais em estoque na empresa.

As funções da gestão de estoques dentro das empresas se resumem a planejar, controlar e repor os estoques, maximizando o efeito lubrificante no retorno de vendas e o ajuste do planejamento da produção e minimizando o capital total investido em estoques.

O objetivo principal da gestão de estoques de uma organização é adequar o investimento em estoques, aumentando o uso eficiente dos meios internos da empresa, minimizando as necessidades do capital investido.

Para atingir os objetivos na execução das funções descritas, o responsável pela gestão de estoques desenvolve, cotidianamente, as atividades de definição dos materiais a serem estocados, análise do comportamento de cada item de estoque estabelecendo níveis adequados de estoque, classificação dos materiais de estoque, emissão de pedidos de compra, registro de movimentações de materiais, identificação de materiais obsoletos, realização periódica de inventários físicos de estoque e emissão de relatórios de acompanhamento.

Definição de Estoque

Estoque é toda e qualquer quantidade de material armazenado para uso imediato ou futuro. Podemos dizer ainda que estoque seja:

- ✓ Acumulação armazenada de recursos materiais em um sistema de transformação.

- É um mal necessário.
- É um amortecedor entre os vários estágios da produção até a venda final do produto.

Na formação do estoque, o período entre as reposições do estoque de cada item é determinado pelas disponibilidades de recursos financeiros, de espaço para guardar o material, pelo tempo de compra, pela durabilidade ou vida útil de cada material, grau de dificuldade para comprar o material e até mesmo pela situação econômica do país.

Alguns dos motivos pelos quais as empresas mantêm materiais em estoque, independentemente do tamanho ou ramo de atividade, são:

- Ter o material em mãos no menor tempo quando necessário.
- Redução de custos comprando em maiores quantidades.
- Redução da freqüência de compras.
- Especulação / pressão inflacionária.
- Dificuldade de aquisição (tempo, distância, burocracia).
- Garantia contra o risco da falta do item em estoque.

Os estoques são criados para compensar as diferenças existentes entre o ritmo de fornecimento e a demanda entre as fases de uma operação produtiva, ou seja, garantir a continuidade do processo produtivo ininterruptamente.

Os principais tipos de estoques encontrados em uma empresa industrial são:

- Matérias-primas;
- Produtos em processo;
- Produtos acabados;
- Peças de manutenção.

Matérias-primas

Materiais básicos e necessários para a fabricação do produto acabado. Possuem consumo diretamente proporcional ao volume de produção, isto é, matérias-primas são todos os materiais que são agregados ao produto acabado, como, por exemplo, o minério, látex, madeira, motores etc.

Produtos em Processo

Produtos em processo englobam aqueles materiais em uso no processo produtivo e que já sofreram algum processo de transformação.

Normalmente, são produtos parcialmente acabados que estão em algum estágio intermediário do fluxo de produção, como massa de bolo, bife temperado, macarrão cozido, carro na linha de montagem, tecido cru, tarugos de aço, massa de papel etc.

Produtos Acabados

Produtos acabados são itens que já foram produzidos, mas que ainda não foram vendidos. As empresas que trabalham com estratégia de produção MTO, que é a abreviação das palavras em inglês *Make to Order*, têm os níveis de estoque em quantidades mínimas, uma vez que normalmente são vendidos antes mesmo de serem produzidos. Quando utilizam a estratégia de produção MTS (*Make to Stock*) os estoques são em quantidades mais elevadas.

Neste caso são produzidos antes da venda concretizada. Alguns exemplos são os carros manufaturados, televisões, rádios, borrachas, bife passado, bolo assado, pães, fio-máquina, tecido acabado etc.

Peças de Manutenção

Peças de manutenção são os sobressalentes para equipamentos do processo produtivo, de inspeção, recepção e manuseio.

É muito importante a gestão deste estoque, pois o custo de interrupção da produção é muito alto e pode incorrer em mão-de-obra parada, equipamento ocioso, prazo de entrega adiado, perda ocasional de encomenda e em casos mais extremos até mesmo em perda do cliente.

Alguns exemplos de peças de manutenção são rolamentos, cilindros, relés, disjuntores, parafusos, porcas, motores mancais, lâmpadas etc.

A má gestão dos estoques ocasiona inúmeros prejuízos a uma empresa e pode ser detectada através da presença de vários sintomas, a saber:

- ✓ Periódicas e grandes dilatações dos prazos de entrega para os produtos acabados e dos tempos de reposição para matéria-prima;
- ✓ Quantidades maiores de estoque, enquanto a produção permanece constante;
- ✓ Elevado número de cancelamentos de pedidos ou mesmo devoluções de produtos acabados;
- ✓ Variação excessiva da quantidade a ser produzida;
- ✓ Produção parada constantemente por falta de material;
- ✓ Falta de espaço para armazenamento;
- ✓ Baixa rotação dos estoques (obsolescência em excesso).

A gerência geral da empresa deve determinar ao órgão gestor de estoques quais são os objetivos a serem atingidos, estabelecendo os padrões que servirão de guia aos programadores e controladores como critérios para medição do desempenho da área de suprimentos.

Estas políticas são diretrizes que, de maneira geral, são as seguintes:

- ✓ Metas da empresa quanto a tempo de entrega dos produtos ao cliente;
- ✓ Definição de número de depósitos e/ou almoxarifados e da lista de materiais a serem estocados neles;
- ✓ Até que níveis deverão flutuar os estoques para atender a uma alta ou baixa das vendas ou a uma alteração de consumo;
- ✓ Até que ponto será permitida a especulação com estoques, fazendo compra antecipada com preços mais baixos ou comprando uma quantidade maior para obter descontos;
- ✓ Definição de rotatividade dos estoques.

Com o foco na gestão de estoque, a figura 8.1 mostra a localização dos estoques e como os seus respectivos custos impactam o retorno do capital das empresas.

Efeitos da Administração de Estoque no retorno de Capital da Empresa

Efeitos da Administração de Materiais no Retorno de Capital das Organizações:

```
                    RETORNO
                    DO CAPITAL
              ┌──────────┴──────────┐
         RENTABILIDADE    (x)    GIRO DO
         DAS VENDAS              CAPITAL
         ┌────┴────┐           ┌────┴────┐
       LUCRO (÷) VENDAS      VENDAS (÷) CAPITAL
       ┌───┴───┐                    ┌──────┼──────┐
    RECEITA  DESPESA              ATIVO  REALIZÁVEL  ATIVO
       (-)                      CIRCULANTE LG PRAZO PERMANENTE
                                   (+)              (+)
         • Custos dos Estoques    • ESTOQUES
         • Custo Armazenagem
         • Custo da Compra
```

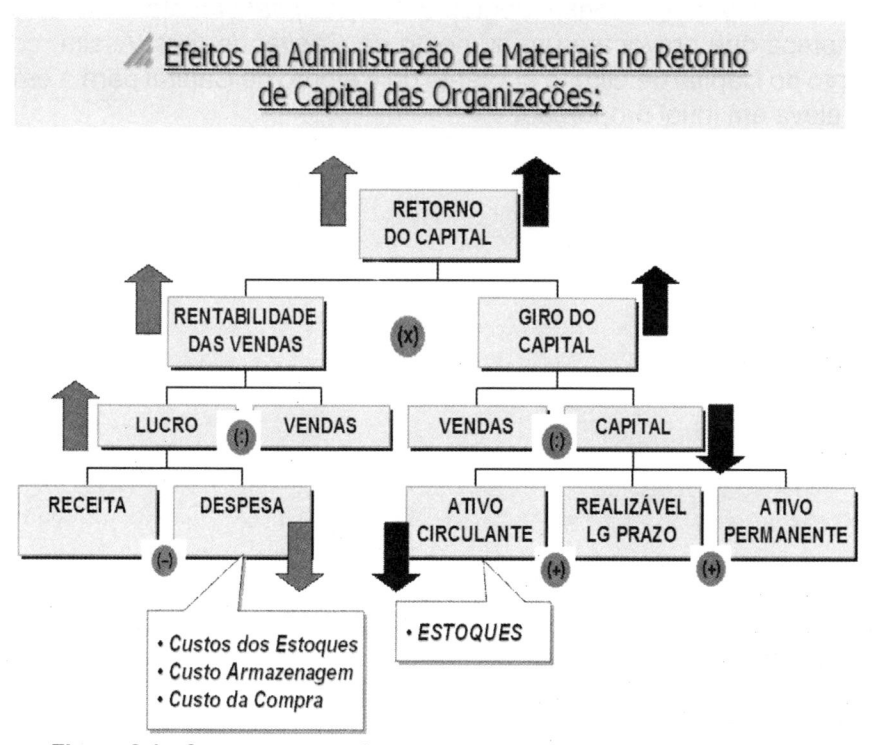

Figura 8.1 - Comportamento do estoque no retorno de capital da empresa

O *Retorno do Capital* é o resultado da multiplicação da *Rentabilidade nas Vendas* pelo *Capital de Giro* da empresa. Se considerarmos o primeiro fator dessa multiplicação, a *Rentabilidade nas Vendas* será o quociente da divisão do *Lucro* pelas *Vendas* e *Lucro* é o resultado da subtração entre *Receita* menos *Despesa*.

A explicação é bem simplificada para facilitar o entendimento do leitor. Os custos de estoque, armazenagem e da compra são considerados contabilizados como *Despesas*, portanto, se reduzimos as *Despesas*, provocaremos o aumento do *Lucro* e, portanto, a *Rentabilidade* será maior, refletindo diretamente no aumento do *Capital de Giro*.

Considerando e analisando agora o outro fator determinante do *Capital de Giro*, quando reduzimos o *Estoque* também é reduzido o valor do *Ativo Circulante* da empresa e, conseqüentemente, o *Capital* empatado no estoque da empresa que provocará um aumento do *Capital de Giro*. Assim, com o aumento do Capital de Giro, o aumento do Retorno de Capital para a empresa se eleva em igual proporção.

9

Estoque Não é o Meu Negócio

A história que você vai ler agora é baseada em uma situação e em fatos reais onde a aplicação adequada de ferramentas de gestão para redução de estoque pode propiciar grandes resultados na gestão de materiais.

O trabalho citado na história foi desenvolvido utilizando a filosofia "Seis Sigma", uma moderna técnica que se utiliza de métodos e ferramentas estatísticas para buscar a melhoria contínua de processos administrativos e produtivos cujo objetivo principal está focado na redução da variabilidade dentro destes processos para o alcance interminável do zero defeito ou, para o caso de processos administrativos, "zero erro".

O Problema

Elza é a gerente de suprimentos de uma conceituada empresa do ramo siderúrgico que, verificando um dos itens de controle de sua área, notou uma forte tendência de crescimento do capital da empresa empatado em estoque. De posse desta informação, reuniu a sua equipe e resolveu lançar um desafio.

Para isso, convocou os seus três funcionários mais qualificados: Gustavo (Especialista recém-treinado na metodologia Seis Sigma – *Black Belt*), Matheus (experiente analista de estoque – há dez anos na função) e Diego (um comprador sênior há quinze anos na empresa com grande experiência acumulada por já ter passado por diversas áreas).

— Senhores, o motivo de ter convocado vocês é porque temos um problema e precisamos encontrar uma solução adequada para o mesmo. O nosso produto final tem que ser mais competitivo e resolvendo esse problema é a nossa maneira de contribuir com a melhoria dos resultados de nossa empresa.

— Qual o problema que está lhe deixando preocupada, Elza? — pergunta Gustavo.

— Bem, observe o gráfico que estou projetando e observe você mesmo o comportamento do valor do nosso estoque nos últimos doze meses.

Valor de Estoque (em milhões R$)-

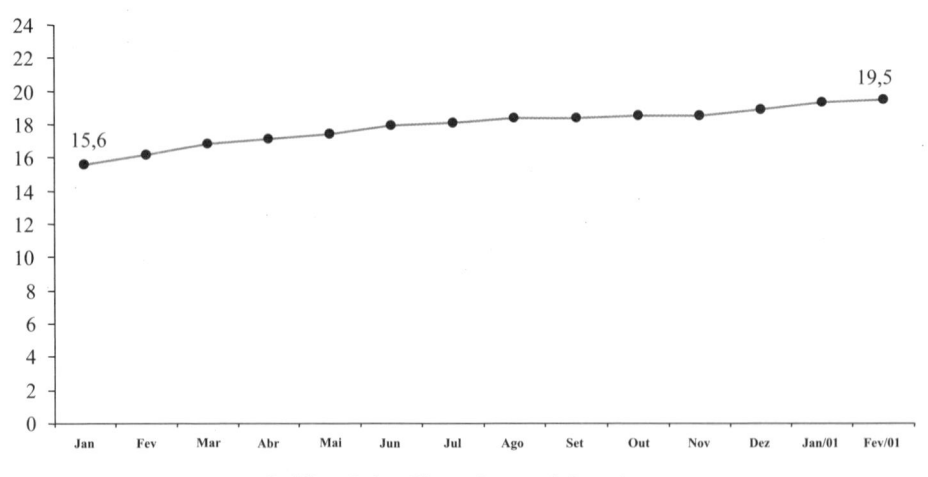

Gráfico 9.1 – Situação atual do estoque

— Elza, realmente há uma tendência muito forte e ascendente de crescimento do valor de estoque, mas a nossa produção também está crescendo. Este aumento de estoque não poderia ser reflexo deste aumento de produção?

— Esta é uma colocação muito oportuna e inteligente, Gustavo, mas podem estar acontecendo outros fatores que estão provocando este aumento e aí é que está o desafio que quero lançar aqui.

— Qual é, então, este desafio, Dona Elza? — perguntou Matheus.

— Bem, o desafio é reduzir três milhões de reais do valor do estoque atual, que hoje é de dezenove milhões e meio, até dezembro deste ano.

— Quais são as conseqüências deste alto valor de estoque para a nossa empresa?

— Matheus, as principais conseqüências que sofremos é a redução do capital de giro da empresa, altos custos de obsolescência e altos custos de estocagem.

— Como faremos isso? — perguntou Diego.

— Como vocês sabem, o Gustavo foi treinado na metodologia "Seis Sigma" e concluiu com êxito o treinamento, sendo, agora, considerado um *Black Belt*, portanto, estou nomeando-o para coordenar os trabalhos utilizando a metodologia que ele aprendeu. Gostaria que vocês dois, em razão das experiências de cada um, o apoiassem. Vocês poderão usar 50% dos seus tempos diários para se dedicarem ao desenvolvimento do trabalho.

— Precisaremos também do apoio das áreas de produção e manutenção. — acrescentou Gustavo.

— Eu sei, por isso estarei informando o objetivo do trabalho amanhã, na reunião de diretoria, e solicitarei o apoio deles também.

A Identificação do Problema

No início, a equipe ainda não tinha a dimensão do problema e nem dos obstáculos que teriam que ultrapassar para alcançar a meta traçada.

Os conflitos que sempre existiram entre as áreas de manutenção e operação com a área de suprimentos não é exclusividade de nenhuma empresa. Enquanto a área de suprimentos é cobrada pelos diretores pela redução do valor de estoque e aumento do capital de giro, que possibilita incrementar os investimentos, as áreas produtivas não admitem parar por falta de material sobressalente ou algum insumo, do mesmo modo que a manutenção não admitirá diminuir a disponibilidade de qualquer equipamento pelo mesmo motivo.

Em razão das necessidades de cumprir o plano de produção e de deixar o equipamento o máximo disponível para produzir, estas duas áreas jogam com um coeficiente de segurança muito alto, causando um estoque elevado por item. Com isso, o conflito está formado.

A área de suprimentos tenta argumentar em cima de históricos de consumo, tempos de entregas, tempos de pedidos de compra, fornecedores confiáveis, mas quaisquer que sejam os argumentos sempre são rejeitados.

A próxima etapa do trabalho da equipe designada para a redução do valor de estoque será verificar a confiabilidade dos dados e confirmar a meta de redução.

Gustavo reuniu a sua equipe para iniciar efetivamente o desenvolvimento dos trabalhos:

— Muito bem, equipe, diante da característica do problema que temos, a ferramenta mais adequada para começarmos é o mapa de raciocínio, que é muito eficaz como orientação às ações que deveremos tomar daqui para frente.

— Como usaremos esta ferramenta? — questiona Matheus.

— O mapa de raciocínio é um registro progressivo da maneira como raciocinamos enquanto estamos executando um trabalho, mas não se preocupe porque já estou bem familiarizado com a metodologia e posso guiá-los neste desenvolvimento.

— Está bem.

— Matheus, a primeira coisa que teremos que fazer é verificar se os dados que temos é de uma fonte confiável, você pode verificar isso?

— Claro que posso. Passe-me o gráfico que irei verificar imediatamente. — responde, confiante.

— Então, Matheus, vamos registrar esta pergunta no nosso mapa de raciocínio e quando você tiver a resposta iremos registrá-la também. Assim iniciamos o nosso mapa de raciocínio. Está vendo como é simples?

— É bem simples mesmo, você tem razão. É só registrar passo a passo a maneira que estamos pensando em resolver o problema e os resultados que conseguimos. — complementou Matheus.

— É isso aí, vejo que você já entendeu a essência da ferramenta. Então vamos iniciar o nosso mapa de raciocínio agora mesmo — disse Gustavo.

Como já foi dito anteriormente, o mapa de raciocínio expressa de maneira progressiva a forma de raciocínio que seguimos durante o desenvolvimento de um trabalho ou na solução de um problema.

O mapa de raciocínio documenta de maneira clara e objetiva a meta que se pretende alcançar com o trabalho, as perguntas que devem ser respondidas, o caminho que você usou para buscar as respostas às perguntas que surgiram durante a execução do trabalho, as questões e passos remanescentes e as respostas para estas questões.

A apresentação dos caminhos paralelos e a utilização das ferramentas adequadas a cada situação ou problema determinam a eficácia da utilização do mapa de raciocínio.

Baseado nas explicações, a equipe começou a documentar suas ações.

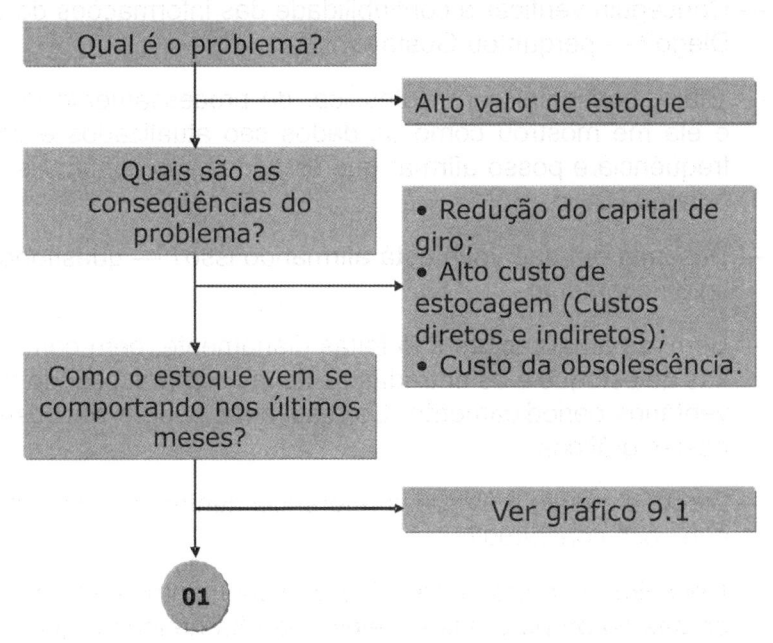

```
Qual é o problema?
        |
        +--------> Alto valor de estoque
        |
        v
Quais são as
conseqüências do
problema?
        |
        +--------> • Redução do capital de giro;
        |          • Alto custo de estocagem (Custos diretos e indiretos);
        |          • Custo da obsolescência.
        v
Como o estoque vem se
comportando nos últimos
meses?
        |
        +--------> Ver gráfico 9.1
        v
      (01)
```

O gráfico apresentado anteriormente deixa claro que há uma ascendência relativa do valor do estoque da empresa e reforça a oportunidade de ação para o *Black Belt*. Antes de continuar é necessário validar as informações obtidas, para que as ações sejam consistentes e eficazes.

— Diego, você poderia verificar se estes dados são confiáveis e se existe alguma empresa no grupo que poderia servir de referência? — perguntou Gustavo.

— Claro, deixa comigo. — respondeu Diego.

Diego resolveu pedir ajuda para Jéssica, a analista de sistemas da empresa responsável pelo desenvolvimento do sistema de gestão utilizado pela empresa. Durante este contato, Diego aprendeu como o sistema é utilizado, como são geradas as necessidades de ressuprimento, como são calculados os parâmetros de gestão e a freqüência de atualização do banco de dados do sistema. Realmente foi uma reunião muito útil e proveitosa para o desenvolvimento do trabalho.

Ele aproveitou também e entrou em contato com as gerências de suprimentos das outras empresas do grupo para se informar como se dá o controle de estoque em cada unidade.

— Conseguiu verificar a confiabilidade das informações do gráfico, Diego? — perguntou Gustavo.

— Claro, conversei com a Jéssica, do processamento de dados, e ela me mostrou como os dados são atualizados e com que freqüência e posso afirmar que os dados são confiáveis. — respondeu Diego.

— Baseado em quê você está afirmando isso? — questionou Gustavo novamente.

— Bem, as atualizações são feitas diariamente, bem como as baixas de estoque e as entradas de novas compras, sendo feitos inventários periodicamente. Os resultados podem ser observados nestes gráficos.

— Diego, e quanto à empresa referência dentro do nosso grupo? O que você constatou?

— Consultei as outras gerências de suprimentos das demais empresas do grupo e, infelizmente, não há nenhuma que poderiamos usar como *benchmarking*, devido à individualidade de nossa empresa, por ser a única usina integrada do grupo.

— Muito bem, Diego, vamos continuar registrando as respostas no nosso mapa de raciocínio. — disse Gustavo.

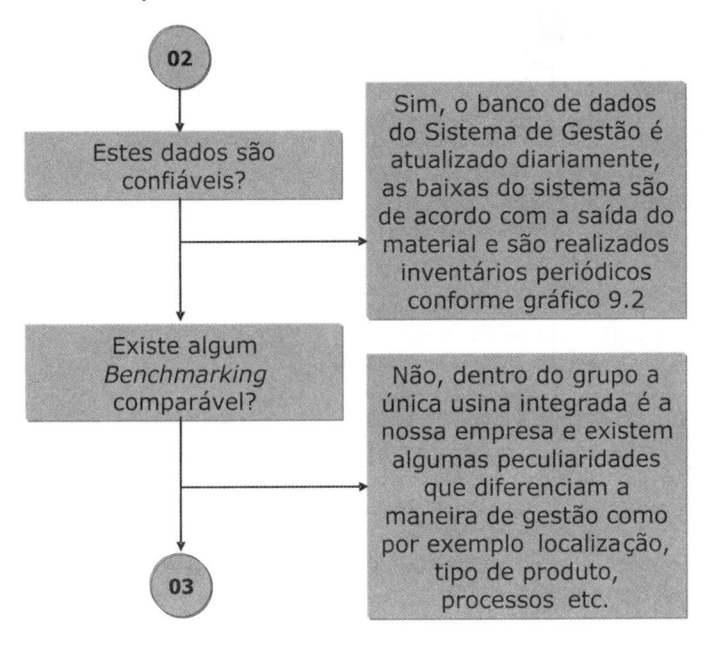

02

Estes dados são confiáveis?

Sim, o banco de dados do Sistema de Gestão é atualizado diariamente, as baixas do sistema são de acordo com a saída do material e são realizados inventários periódicos conforme gráfico 9.2

Existe algum *Benchmarking* comparável?

Não, dentro do grupo a única usina integrada é a nossa empresa e existem algumas peculiaridades que diferenciam a maneira de gestão como por exemplo localização, tipo de produto, processos etc.

03

Item de Controle : ITENS INVENTARIADOS
Unidade Gerencial : GERÊNCIA DE SUPRIMENTOS
Responsável : ELZA MARIA

Unidade de Medida:Unid./Mês
Benchmark: 1.665
Meta Anual:1000
Orçamento Anual:

Exercício 2001

Mês	Real	Meta
Jan		
Fev	1098	1000
Mar	1129	1000
Abr		1000
Maio		1000
Jun		1000
Jul		1000
Ago		1000
Set		1000
Out		1000
Nov		1000
Dez		1000

2001	1.114
2000	1.250
1999	1.339

Gráfico 9.2 – Acompanhamento de inventários

Considerando o fato de que os dados disponíveis são confiáveis e de que não existe nenhuma empresa que possa ser considerada como *benchmarking* para o desenvolvimento do trabalho, já podemos definir a nossa meta geral, encerrando assim a fase de identificação do problema.

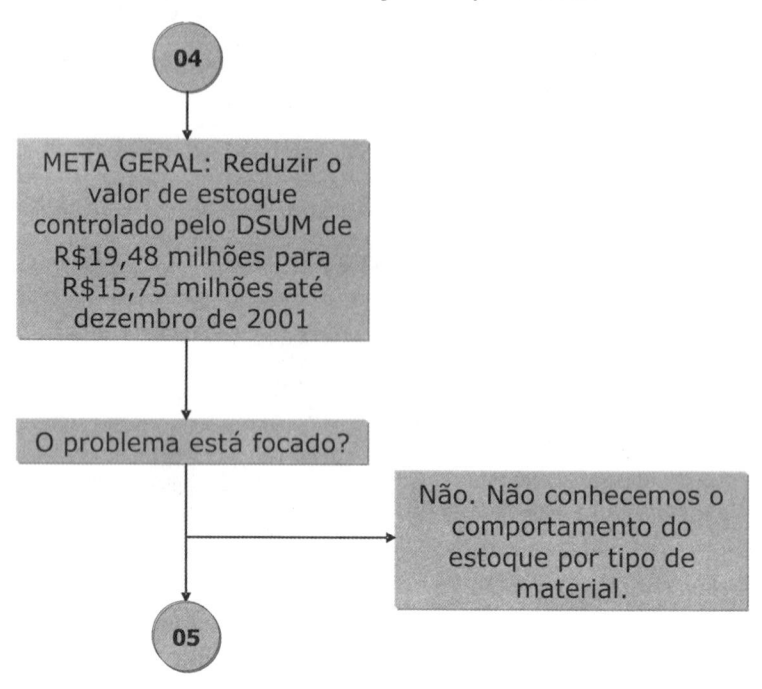

```
                    ( 04 )
                      │
                      ▼
        ┌──────────────────────────────┐
        │ META GERAL: Reduzir o        │
        │ valor de estoque             │
        │ controlado pelo DSUM de      │
        │ R$19,48 milhões para         │
        │ R$15,75 milhões até          │
        │ dezembro de 2001             │
        └──────────────────────────────┘
                      │
                      ▼
           ┌──────────────────────┐
           │ O problema está focado? │
           └──────────────────────┘
                │         │       ┌──────────────────────────┐
                │         └──────▶│ Não. Não conhecemos o    │
                │                 │ comportamento do         │
                ▼                 │ estoque por tipo de      │
              ( 05 )              │ material.                │
                                  └──────────────────────────┘
```

Quando se define uma meta, duas perguntas devem ser respondidas para possibilitar maior clareza e entendimento do objetivo por todos da equipe, que são:

— Quais os valores em reais ou percentuais se pretende alcançar?

— Até quando se espera alcançar esse resultado?

A próxima fase do mapa de raciocínio é a análise do fenômeno, onde serão analisadas todas as possibilidades de ocorrência que afetam diretamente ou indiretamente o problema.

Análise do Fenômeno

Durante esta fase serão estudadas as possibilidades de ocorrências mais significativas que atuam diretamente no problema de aumento do valor de estoque e, para cada ocorrência, será definida uma meta específica, de forma a contribuir para o alcance da meta geral, definida na fase de identificação do problema.

Nesta fase é realizada uma minuciosa pesquisa nos itens que compõem o estoque para que possibilite a eliminação de itens, ou redução dos parâmetros de gestão.

Nas grandes empresas a possibilidade da existência de itens obsoletos nos estoques, em razão de modificações, melhorias ou substituição de peças tecnologicamente melhores nos equipamentos, é bem grande. Normalmente as peças antigas continuam em. estoque, ocupando espaço e contribuindo para os altos custos de armazenagem.

Outra oportunidade para reduzir estoque que geralmente ocorre é em relação ao estoque avançado nas áreas de manutenção. Estes estoques não são considerados quando o sistema roda o MRP para gerar as necessidades de compra devido ao fato de não estarem mais compondo o estoque para efeito do sistema de gestão.

Ocorrem, também, materiais com parâmetros de gestão elevados para um baixo giro de estoque para o item. Nestes casos, o estoque de ressuprimento é muito elevado e o tempo de reposição é normal, o que pode proporcionar compras desnecessárias se não houver uma análise adequada.

> — Bem, como já definimos a nossa meta geral, agora temos que ter certeza de que o nosso problema está realmente focado. E faremos isso através da análise do fenômeno. Você pode iniciar esta análise, Matheus? — perguntou Gustavo.
>
> — Claro que posso, já estou começando. — disse Matheus todo entusiasmado.

Os fatos observados e as informações levantadas até o momento ainda não deixam a equipe confiante de que o problema esteja focado. Portanto, partem para mais uma fase de pesquisa, busca de informações através do banco de dados do sistema, conversas com os clientes e análises de relatórios.

— O nosso problema ainda não está focado porque não conhecemos o comportamento do nosso estoque por tipo de material, portanto, temos que verificar como este estoque está dividido por tipo. — disse Matheus para Gustavo.

— Ah! Temos que verificar também como o estoque é dividido pelas gerências da empresa. — complementou Diego.

O estoque foi estratificado por tipo de material e chegou-se à conclusão de que a maioria dos materiais, ou seja, mais de oitenta e três por cento dos materiais se dividiam nos tipos "MM - Materiais de Manutenção" e "MP - Materiais auxiliares de Produção", sendo que os materiais de manutenção representavam a maioria do capital empatado em estoque.

Esta informação está mostrada graficamente a seguir:

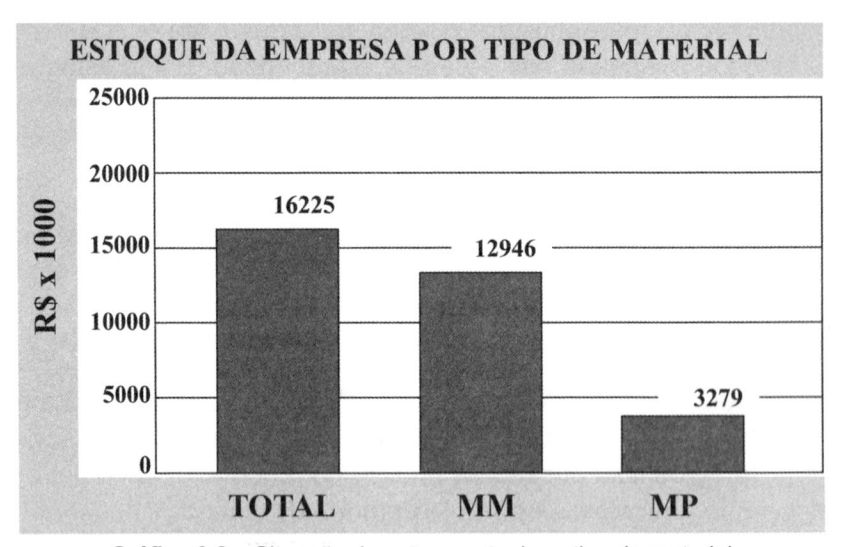

ESTOQUE DA EMPRESA POR TIPO DE MATERIAL

TOTAL	MM	MP
16225	12946	3279

(R$ x 1000)

Gráfico 9.3 – Situação do estoque atual por tipo de material

Como podem observar, dos dezenove milhões e quinhentos reais empatados em estoque, quase treze milhões são referentes a materiais de manutenção.

Com isso, sabemos onde está localizada a maioria do dinheiro da empresa gasto em estoque, mas ainda não sabemos se este valor está aplicado inadequadamente.

É necessário que a equipe que está desenvolvendo o trabalho vá mais além e se aprofunde nas análises individuais de cada item para que possa chegar a uma conclusão mais consistente.

— E você, Diego? A que conclusão chegou a respeito da distribuição do valor de estoque por gerência? — perguntou Gustavo.

— Concluí que na gerência "G" está concentrada a maioria do estoque conforme gráfico a seguir, mas para concluirmos a análise de fenômeno e determinarmos as metas específicas, precisaremos analisar individualmente o comportamento dos itens dentro de cada gerência. — Respondeu Diego.

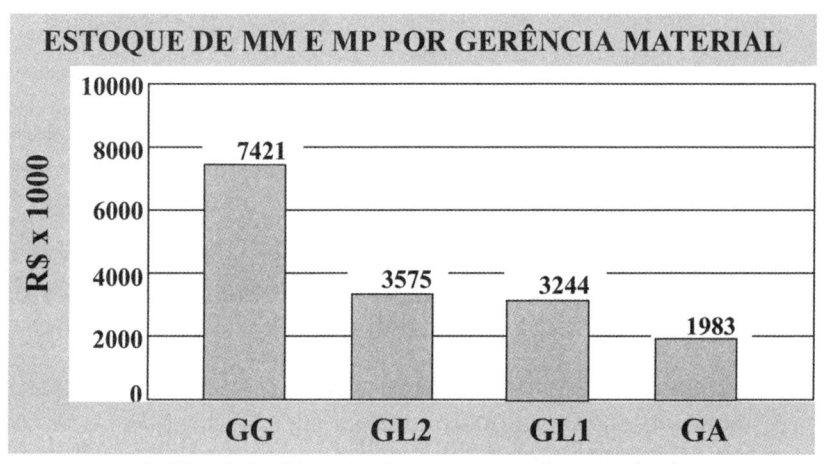

ESTOQUE DE MM E MP POR GERÊNCIA MATERIAL

Gerência	R$ x 1000
GG	7421
GL2	3575
GL1	3244
GA	1983

Gráfico 9.4 – Situação do estoque atual por gerência

De acordo com a metodologia que estamos usando, temos que registrar todas as nossas ações ilustrando a nossa linha de raciocínio, portanto seguem os registros dos últimos passos dados em busca do nosso objetivo.

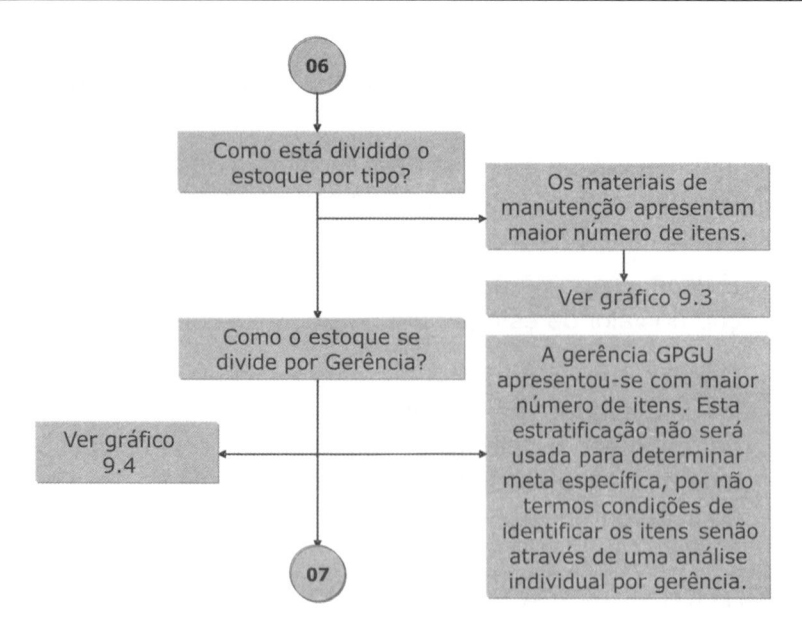

```
         ┌──────┐
         │  06  │
         └───┬──┘
             ▼
   ┌──────────────────────┐
   │ Como está dividido o │         ┌──────────────────────┐
   │   estoque por tipo?  ├────────▶│  Os materiais de     │
   └──────────┬───────────┘         │  manutenção apresentam│
              │                     │  maior número de itens.│
              │                     └──────────┬───────────┘
              │                                ▼
              │                     ┌──────────────────────┐
              │                     │    Ver gráfico 9.3   │
              │                     └──────────────────────┘
              ▼
   ┌──────────────────────┐         ┌──────────────────────┐
   │  Como o estoque se   │         │  A gerência GPGU     │
   │  divide por Gerência?├────────▶│  apresentou-se com maior│
   └──────────┬───────────┘         │  número de itens. Esta│
              │                     │  estratificação não será│
   ┌──────────┴───────────┐         │  usada para determinar│
   │     Ver gráfico      │◀────────│  meta específica, por não│
   │        9.4           │         │  termos condições de │
   └──────────────────────┘         │  identificar os itens senão│
              │                     │  através de uma análise│
              ▼                     │  individual por gerência.│
         ┌──────┐                   └──────────────────────┘
         │  07  │
         └──────┘
```

Dando andamento na análise do fenômeno, Gustavo reuniu novamente a sua equipe para definição das próximas etapas do trabalho.

— Estamos conduzindo muito bem a execução de tarefas que nos ajudarão a alcançar o nosso objetivo. Agora temos que buscar uma estratificação mais apurada em relação ao comportamento do estoque.

— Penso que podemos iniciar o comportamento do estoque em relação ao consumo dos materiais tipos MM e MP. Vocês concordam? — perguntou Matheus.

— Boa idéia Matheus, já tem mais um ponto de análise. Vá em frente. — disse Gustavo.

Para esse levantamento, Matheus teve que recorrer novamente ao departamento de informática e, para isso, contou com a ajuda da Analista de Sistema Bárbara, pedindo que ela criasse um relatório específico que mostrasse os consumos médios mensais, por item, tendo como parâmetro principal os materiais com consumos iguais ou superiores a uma peça por mês.

A estratificação também deveria contemplar os materiais fabricados conforme desenho, ou seja, específicos para os equipamentos da nossa empresa e aqueles materiais de fabricação em série disponíveis no mercado como aqueles fabricados conforme padrões internacionais DIN, ABNT, ANSI dentre outros.

— Bárbara, preciso que você extraia do banco de dados todos os materiais que possuam consumos médios mensais superiores a uma unidade, estratificados por tipo, incluindo somente os tipos MM e MP, e preciso que sejam destacados também os materiais fabricados conforme desenho. Você pode fazer isso? — perguntou Matheus.

— Claro, você terá essas informações dentro de uma semana, pode ser? — disse Bárbara, com ares de quem estava feliz em poder contribuir.

— Pode sim, Bárbara. — reafirmou Matheus.

Para felicidade de Matheus e da equipe, conforme havia prometido Bárbara apresentou, na semana seguinte, o relatório estratificado de acordo com as necessidades expostas anteriormente.

ESTRATIFICAÇÃO DE MATERIAIS TIPOS MM E MP, EM RELAÇÃO AO HISTÓRICO DE CONSUMO				
NATUREZA	CONSUMO (UM/Mês)	TIPO		TOTAL
		MM	MP	
Fabricação conforme desenho	< 1	798	5245	**6043**
Fabricação em série	< 1	1311	13064	**14375**
Fabricação conforme desenho	≥1	242	548	**790**
Fabricação em série	≥1	552	941	**1493**
Materiais de Loja		495	4098	**4593**
TOTAL		3398	23896	**27294**

Tabela 9.1 – Estratificação dos materiais por tipo e por consumo

Além de gerar o relatório, Bárbara estratificou os consumos informando também os inferiores a uma peça por mês e incluiu aqueles materiais já inclusos nos contratos tipo lojas existentes na empresa, mostrando com isso muita eficiência e maneira proativa no desempenho da atividade que lhe foi designada.

Com as informações conseguidas, é possível direcionar os trabalhos de forma a vislumbrar a possível existência de materiais obsoletos dentro do estoque em função de muitos materiais em estoque não terem tido consumo algum durante o período analisado e, também, a possibilidade de incluir mais materiais nos contratos das lojas existentes, em função das especialidades de cada uma.

Outro fator muito importante desta estratificação é a existência dos itens com consumo médio igual ou superior a uma peça. Para estes itens, há a possibilidade de transferir o estoque para o fornecedor.

É importante ressaltar que a escolha por itens que têm movimentação mensal para este tipo de contrato de estoque no fornecedor é por serem atrativos aos fornecedores.

O fornecedor dificilmente aceitará o cumprimento dos parâmetros de estoque necessários para garantir que não falte o material no processo produtivo, para aqueles itens de baixo giro.

Normalmente a capacidade econômica destes fornecedores não suporta esta situação. Já para itens que garantam um fornecimento mínimo mensal, a situação passa a ser mais atrativa.

— Muito bem Bárbara, a sua contribuição fará parte do nosso mapa de raciocínio. Vamos registrar mais esta etapa. — falou Matheus.

— Tudo bem! Deixe que eu mesma registro. — respondeu Bárbara.

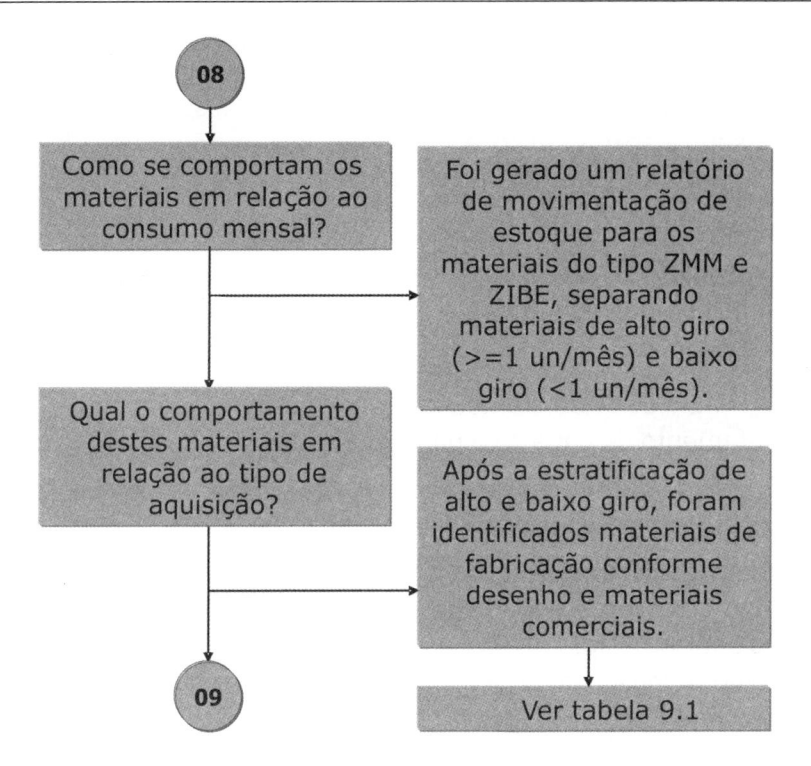

```
                    ┌────┐
                    │ 08 │
                    └──┬─┘
                       ▼
     ┌─────────────────────────┐      ┌─────────────────────────┐
     │ Como se comportam os    │      │ Foi gerado um relatório │
     │ materiais em relação ao │─────▶│ de movimentação de      │
     │ consumo mensal?         │      │ estoque para os         │
     └───────────┬─────────────┘      │ materiais do tipo ZMM e │
                 │                    │ ZIBE, separando         │
                 ▼                    │ materiais de alto giro  │
     ┌─────────────────────────┐      │ (>=1 un/mês) e baixo    │
     │ Qual o comportamento    │      │ giro (<1 un/mês).       │
     │ destes materiais em     │      └─────────────────────────┘
     │ relação ao tipo de      │      ┌─────────────────────────┐
     │ aquisição?              │      │ Após a estratificação de│
     └───────────┬─────────────┘      │ alto e baixo giro, foram│
                 │                    │ identificados materiais │
                 │                 ┌─▶│ de fabricação conforme  │
                 │                 │  │ desenho e materiais     │
                 │                 │  │ comerciais.             │
                 ▼                 │  └────────────┬────────────┘
              ┌────┐               │               ▼
              │ 09 │               │    ┌─────────────────┐
              └────┘               │    │ Ver tabela 9.1  │
                                   │    └─────────────────┘
```

Gustavo reuniu a equipe para repassar o mapa de raciocínio, fazendo um balanço do progresso alcançado no desenvolvimento do trabalho e ressaltou mais uma vez o empenho da equipe e dos colaboradores.

— Se continuarmos com a dedicação apresentada até o momento, certamente chegaremos com louvor ao nosso objetivo. Analisando os resultados e as informações encontradas, pergunto aos senhores o que podemos fazer com relação aos itens de baixa movimentação?

— Já sabemos que nenhum fornecedor aceitará manter estoque destes materiais. — disse Matheus.

— Se nenhum fornecedor aceitará esta situação então não teremos nenhuma atuação sobre estes materiais? — insistiu Gustavo, tentando aguçar a criatividade do grupo.

— Eu acho que temos alguma atuação sim. — respondeu Diego.

— A que ação você se refere Diego? — perguntou Matheus.

— Nós podemos verificar se estes materiais são realmente necessários ao processo e caso não sejam poderemos aliená-los. Para os demais iremos verificar os parâmetros atuais de gestão e ajustá-los à situação real de consumo.

— Brilhante, Matheus. Pensando assim, já podemos determinar metas de redução para estes itens, estou certo? — perguntou Gustavo.

— Penso que não. Temos que analisar individualmente o comportamento de cada item para, então, decidir por aliená-lo ou alterar o seu parâmetro de estoque. — respondeu Diego.

Toda a equipe elogiou a contribuição de Diego e chegaram ao consenso de que deveriam traçar um plano de ação e planejar as ações para análises destes itens, estabelecendo prazos e responsáveis, com objetivo de ordenar e direcionar os esforços em busca do atendimento de mais uma etapa importante no processo de desenvolvimento do trabalho.

Completaram mais uma etapa importante e complementaram o mapa de raciocínio, ainda na fase de análise do fenômeno.

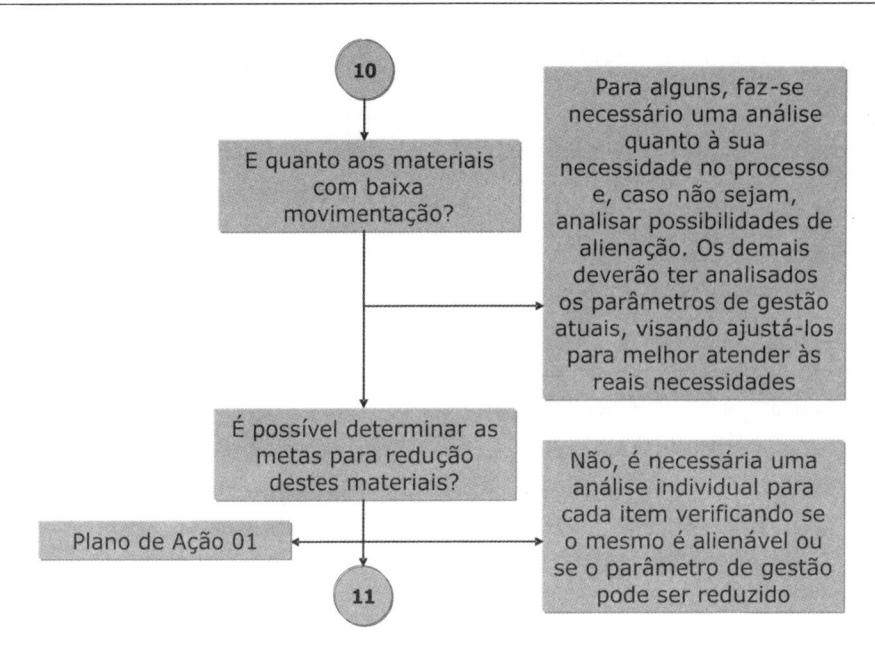

```
                    ┌──────┐
                    │  10  │
                    └──┬───┘
                       ▼
        ┌─────────────────────────┐         ┌──────────────────────────┐
        │  E quanto aos materiais │         │   Para alguns, faz-se    │
        │         com baixa       │────────▶│  necessário uma análise  │
        │      movimentação?      │         │      quanto à sua        │
        └────────────┬────────────┘         │ necessidade no processo  │
                     │                      │      e, caso não sejam,  │
                     │                      │ analisar possibilidades de│
                     │                      │ alienação. Os demais     │
                     │                      │ deverão ter analisados   │
                     │                      │ os parâmetros de gestão  │
                     │                      │ atuais, visando ajustá-los│
                     │                      │ para melhor atender às   │
                     │                      │   reais necessidades     │
                     ▼                      └──────────────────────────┘
        ┌─────────────────────────┐
        │ É possível determinar as│         ┌──────────────────────────┐
        │   metas para redução    │         │  Não, é necessária uma   │
        │   destes materiais?     │────────▶│  análise individual para │
        └────────────┬────────────┘         │ cada item verificando se │
┌──────────────────┐ │                      │  o mesmo é alienável ou  │
│ Plano de Ação 01 │◀┤                      │ se o parâmetro de gestão │
└──────────────────┘ │                      │    pode ser reduzido     │
                     ▼                      └──────────────────────────┘
                  ┌──────┐
                  │  11  │
                  └──────┘
```

O plano de ação elaborado pela equipe teve o envolvimento de todos os colaboradores, com atribuições específicas, e continha basicamente as atividades de planejamento, definição das atividades, responsabilidades, a análise da cada item com baixa movimentação no estoque e determinação das ações a serem tomadas para cada um desses itens em relação ao seu comportamento nos últimos doze meses.

Como a análise era muito complexa e a quantidade de itens muito grande, o período estimado para cumprimento do plano de ação não foi pequeno.

A conclusão das ações estava prevista para ocorrer em aproximadamente dez meses.

Cronograma - Análise de itens de movimentação baixa

ID	Atividade	Duração	Resp.	%Exec	Feb	Mar	Apr	May	Jun	Jul	Aug	Sep	Oct	Nov	Dec	2002 Jan
1	Planejamento	42 dias	GS	100%												
2	Identificar os materiais por área	30 dias	Diego	100%												
3	Listar todos os materiais	30 dias	Diego	100%												
4	Definir equipe de trabalho	7 dias	Gustavo.	100%												
5	Reunir e apresentar o plano de redução	5 dias	Gustavo	100%												
6	Analisar cada item e definir ação a ser tomada	260 dias	Equipe	71%												
7	Itens da GG	260 dias	Eduarda	71%												
8	Itens da GA	260 dias	Matheus	71%												
9	Itens da GL	260 dias	Jéssica	71%												
10	Itens da GM	260 dias	Felipe	71%												
11	Alienar materiais conforme resultado da análise	238 dias	Gustavo	68%												
12	Alterar parâmetros de estoque conforme análise	238 dias	Matheus	68%												

Plano de Ação 01 - Análise de itens de movimentação de estoque baixa

Dando prosseguimento ao mapa de raciocínio, temos que verificar a possibilidade de estabelecer as metas de redução para os itens que possuam consumo mensal superior a uma unidade.

Com esse objetivo em mente, a equipe de trabalho se reuniu novamente para direcionamento das novas atividades em busca do resultado esperado.

— É possível determinar metas de redução para os itens com consumo superior ou igual a uma unidade por mês? — perguntou Gustavo.

— Sim. — respondeu Matheus.

— Para todos os itens, Matheus?

— Pode ser que sim, Gustavo, mas para alcançarmos a nossa meta principal, de acordo com os valores destes itens, precisaremos reduzir apenas cinqüenta por cento deles.

— Como você imagina fazer isso? — perguntou Diego.

— É simples, Diego, podemos escolher cinqüenta por cento dos itens de fabricação em série mais significativos para incluí-los em contratos tipo loja e cinqüenta por cento dos itens de fabricação conforme desenhos para contratos no fornecedor.

— Excelente idéia, Matheus. Já podemos iniciar um planejamento detalhado para pôr em prática as suas idéias. Caso não seja possível alcançar a nossa meta, incluindo os primeiros itens selecionados nestes dois tipos de contrato, poderemos retornar ao relatório elaborado anteriormente e escolher outros. — disse Gustavo.

Depois desses novos acontecimentos é necessário atualizar o mapa de raciocínio e registrar mais este grande passo em direção ao alcance do objetivo.

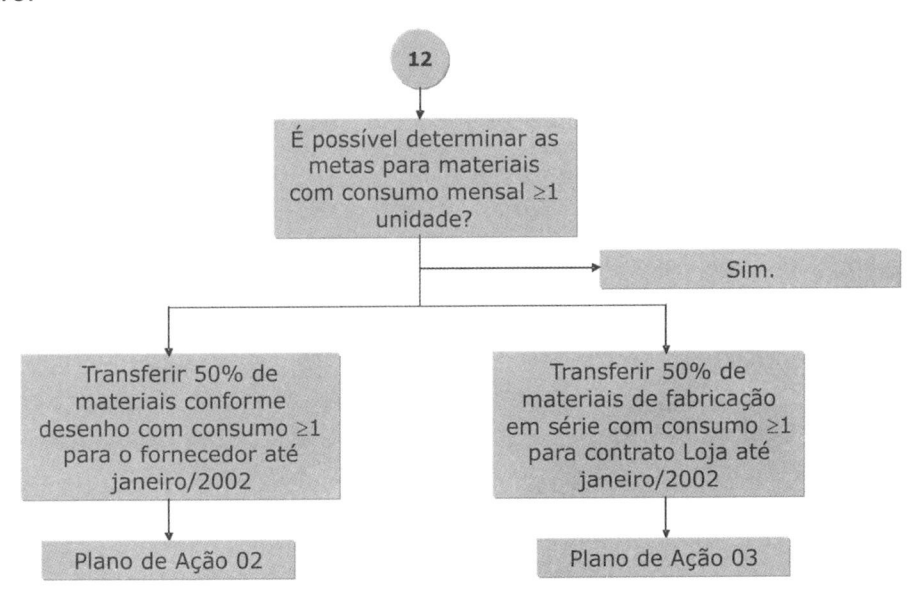

```
                            ( 12 )
                              |
                              v
              É possível determinar as
              metas para materiais
              com consumo mensal ≥1
              unidade?
               |                    |
               |                    +---> Sim.
               v                         v
   Transferir 50% de           Transferir 50% de
   materiais conforme          materiais de fabricação
   desenho com consumo ≥1      em série com consumo ≥1
   para o fornecedor até       para contrato Loja até
   janeiro/2002                janeiro/2002
         |                             |
         v                             v
   Plano de Ação 02              Plano de Ação 03
```

A utilização da ferramenta Seis Sigma para projetos voltados para as áreas de serviços e administrativas é um grande desafio em razão dos fluxos e normas envolvidas dificultando a coleta de dados e a utilização de ferramentas de análises mais evoluídas, disponíveis e conhecidas.

O mapa de raciocínio é uma ferramenta que pode ser facilmente empregada para solução de problemas e para implantação de melhorias nestas áreas.

Cronograma de Implantação - Estoque no Fornecedor

ID	Nome da tarefa	Duração	Resp	%EX	1o. Sem Fev	Mar	Abr	Mai	Jun	2o. Sem Jul	Ago	Set	Out	Nov
1	Identificar fornecedores idôneos (de preferência locais)	41 dias	Elza	100%	1/03		11/04							
2	Fazer um levantamento de itens de maior giro	91 dias	Matheus	100%	1/03				31/05					
3	Identificar itens que possam ser geridos por fornecedores	60 dias	Gustavo	100%				01/05		30/06				
4	Elaborar o processo de cotações	62 dias	Marcela	30%						30/06		31/08		
5	Negociar	15 dias	Elza	0%							31/08	15/09		
6	Implantar	106 dias	Elza	0%								15/09		

Plano de Ação 02 - Análise de itens para estoque no fornecedor

Cronograma para Inclusão de materiais nas Lojas

ID	Atividade	Duração	Resp	%Exec	Jun	Jul	Aug	Sep	Oct	Nov	Dec 2001	Jan
1	**Materiais identificados com o trabalho de redução do estoque**	**145 dias**	**GS**	**68%**								
2	Identificar materiais de fabricação em série	30 dias	Gustavo	100%								
3	Separar materiais com afinidades com as lojas já existentes	60 dias	Matheus	80%								
4	Preparar cotação para inclusão no contrato Loja	60 dias	Equipe de compras	60%								
5	Negociar fornecimento com a loja	20 dias	Gustavo	20%								
6	Solicitar à GC, a inclusão dos itens no contrato da loja	5 dias	Gustavo	20%								
7	**Rotinas diárias de compras**	**182 dias**	**Equipe Compras**	**55%**								
8	Cotar as lojas existentes nos materiais que não são de contrato	182 dias	Equipe de compras	57%								
9	Negociar com a loja a inclusão do item no contrato	182 dias	Equipe de compras	57%								
10	Solicitar à GC, a inclusão dos itens no contrato da loja	152 dias	Gustavo	49%								

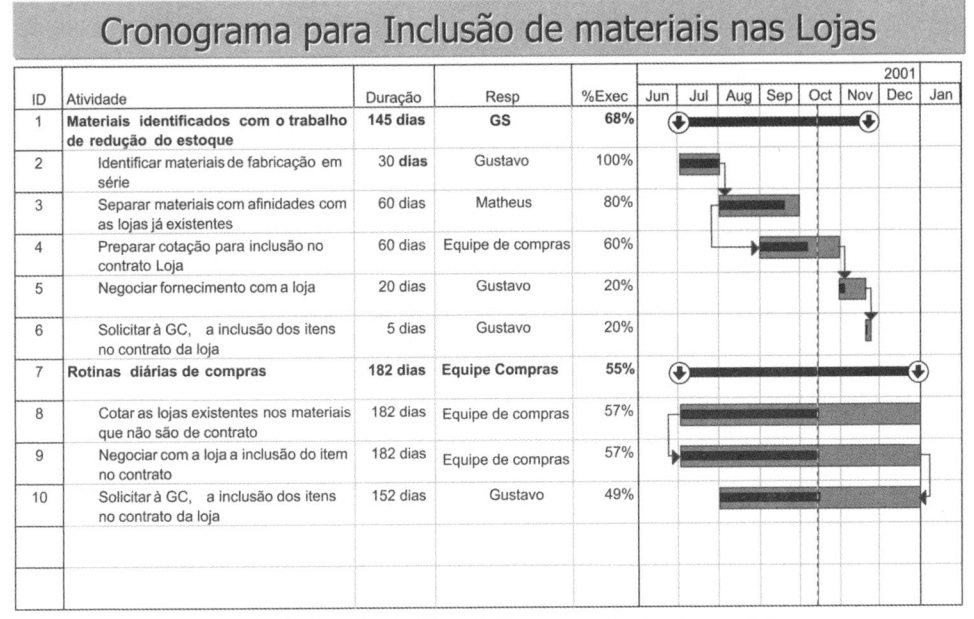

Plano de Ação 03 - Análise de itens para inclusão nas lojas.

Com a aplicação da metodologia, a equipe que desenvolveu o trabalho conseguiu identificar itens com as características para formação de estoques nos fornecedores, para inclusão nos contratos tipo "lojas", já existentes dentro da empresa e, também, itens para serem incluídos em contratos de fornecimento, o que definiria, para esses, um menor tempo de compra e conseqüentemente um menor tempo de fornecimento, proporcionando a redução dos parâmetros de estoque para estes itens.

Esta redução de parâmetros de estoque no sistema como menor estoque de segurança e um nível de ressuprimento inferior tem relação direta com o capital destinado a estoque.

Resultados do Trabalho

A seguir estão representados os resultados do trabalho desenvolvido pela equipe da empresa em questão.

QUANTIDADE DE ITENS ALIENADOS - 2001

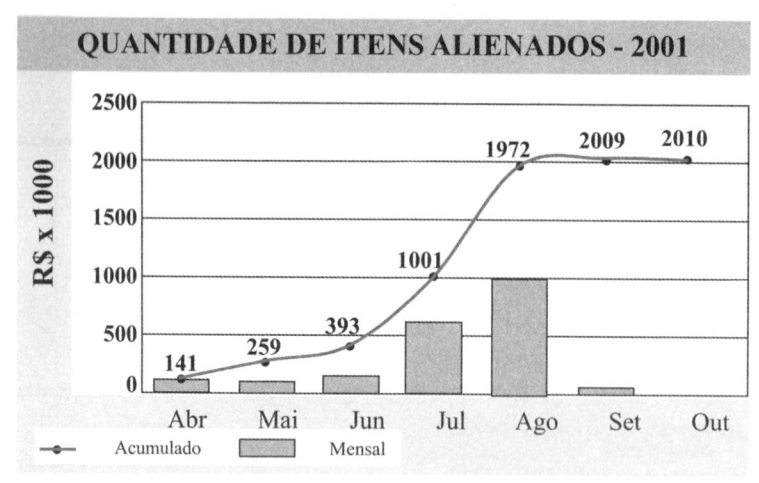

[Gráfico com eixo R$ x 1000, valores: 141 (Abr), 259 (Mai), 393 (Jun), 1001 (Jul), 1972 (Ago), 2009 (Set), 2010 (Out). Legenda: Acumulado / Mensal]

Gráfico 9.5 – Total de itens alienados

São resultados parciais, uma vez que as ações ainda não foram totalmente concluídas e que o problema é dinâmico e sempre haverá oportunidades de melhoria e de redução a serem exploradas.

Desde o início da realização das ações propostas pelo grupo foram alienados mais de dois mil itens de estoque. Estes itens estavam compondo o estoque da empresa, porém não tinham mais utilidade para o processo ou foram substituídos por outros itens ou sofreram modificações, que os tornaram indispensáveis para o processo.

Vale lembrar que manter estes itens no estoque implicava em custos de manutenção de itens desnecessariamente, onerando o capital investido em estoque.

O gráfico a seguir representa o valor computado pela eliminação destes itens de estoque através do processo de alienação.

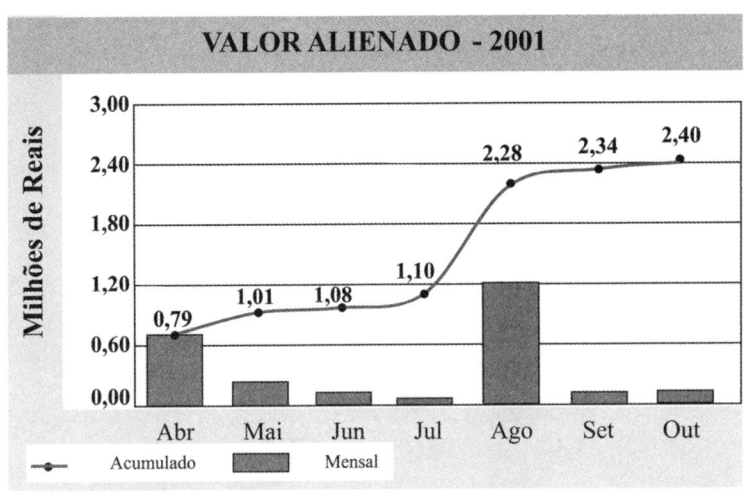

Gráfico 9.6 – Valor, em milhões de reais, dos itens alienados.

A alienação dos mais de dois mil itens gerou uma redução no valor de estoque de aproximadamente dois milhões e meio de reais.

Durante a realização do trabalho foi possível identificar algumas causas de aumento de itens desnecessários ao processo, onerando o custo de estoque da empresa.

Dentre as causas identificadas, as principais são:

✓ Normalmente as pessoas se preocupam mais com a melhoria do desempenho das peças e equipamentos, fazendo modificações, adequando-as às necessidades de maior produção e se esquecem de retirar as peças velhas que ficaram no estoque.

✓ É incrível, mas foram descobertas peças estocadas sendo que os equipamentos a que se destinam não existiam mais no processo produtivo, ou foram eliminados do processo, ou foram substituídos por outros mais modernos.

Os itens que foram alienados somados com aqueles que tiveram seus parâmetros de estoque reduzidos, em razão dos consumos reais percebidos durante a realização do trabalho, proporcionaram a redução dos estoques das gerências, conforme pode ser observado no gráfico 9.7 a seguir.

ESTOQUE DE MM E MP POR GERÊNCIA MATERIAL

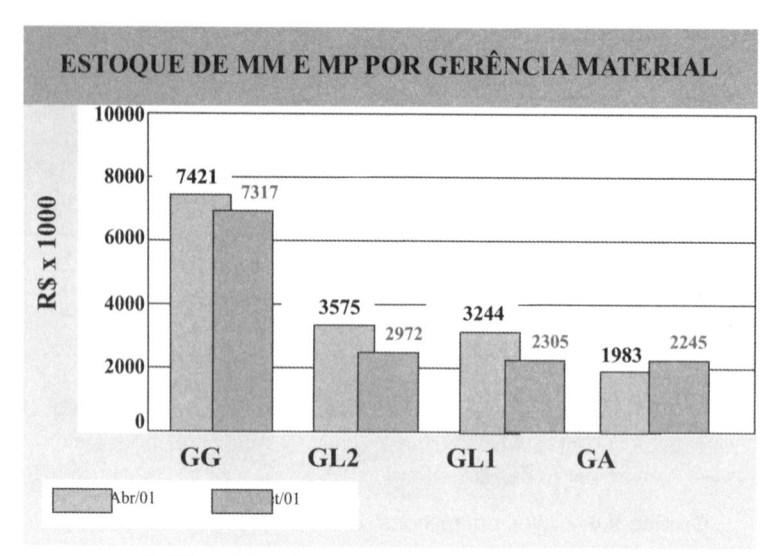

Gerência	Abr/01	t/01
GG	7421	7317
GL2	3575	2972
GL1	3244	2305
GA	1983	2245

(R$ x 1000)

Gráfico 9.7 – Quantidade de itens por gerência.

A maior redução ocorreu nos materiais classificados pela empresa como Materiais de Manutenção, ou seja, equipamentos e peças sobressalentes para os equipamentos e periféricos ligados ao processo produtivo.

Um dos principais erros detectados durante a análise dos itens classificados como MM foi o grande número de itens em desuso no estoque. Esses itens se referiam a alguma categoria de materiais que foram modificados e tiveram seus respectivos desenhos alterados em função da modificação e que ainda mantinham uma posição no cadastro de materiais da empresa.

Na maioria das vezes isso ocorre porque os usuários, preocupados em não onerar os seus custos de manutenção, modificam as peças e as cadastram novamente com outros códigos.

ESTOQUE DA EMPRESA POR TIPO DE MATERIAL

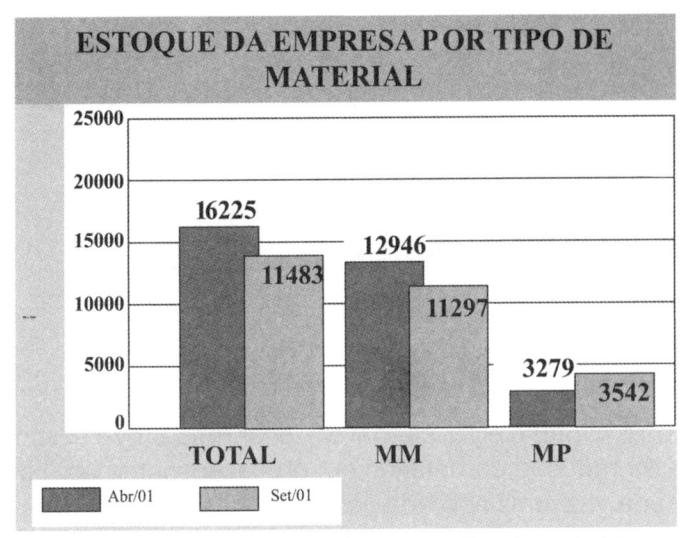

[Gráfico de barras — TOTAL: 16225 (Abr/01), 11483 (Set/01); MM: 12946 (Abr/01), 11297 (Set/01); MP: 3279 (Abr/01), 3542 (Set/01)]

Gráfico 9.8 – Quantidade de itens por tipo de material.

Todo e qualquer esforço é recompensado quando o resultado é alcançado com êxito, como foi o caso citado. Certamente não há nada perfeito que não possa ser melhorado. Sempre haverá uma maneira de melhorar nossos processos.

Novos modelos e novas técnicas estão surgindo a cada momento, cabendo aos Gerentes e Administradores escolherem quais delas se adaptam melhor à sua empresa, ao seu departamento e às diretrizes de sua organização.

A formação da equipe de trabalho deve ser realizada pela afinidade de cada membro escolhido com a tarefa a ser desenvolvida e não pela disponibilidade de cada um.

A escolha e formação do grupo de desenvolvimento de determinado trabalho é o primeiro passo para o sucesso no alcance dos objetivos traçados.

Esta pequena novela é um exemplo de como algumas ferramentas e metodologias disponíveis, quando aplicadas de maneira correta e responsável, podem trazer grandes resultados às organizações.

A seguir, no próximo capítulo, serão apresentados alguns conceitos sobre a metodologia Seis Sigma, sem a pretensão do aprofundamento de forma a levar o leitor ao entendimento total da metodologia. O leitor que tiver maior interesse em aprofundar no assunto poderá consultar as referências bibliográficas contidas neste livro.

10

Metodologia Seis Sigma

O objetivo deste capítulo é passar para o leitor uma breve descrição de uma metodologia de redução de defeitos em processos internos e produtos que vem sendo cada vez mais aplicada pelas grandes organizações como forma de se garantirem no mercado através da satisfação dos seus clientes.

Já estão disponíveis diversas publicações e entidades divulgadoras desta filosofia de trabalho e análise de processos que se utilizam, em sua maioria, de ferramentas estatísticas avançadas.

Origem

A metodologia Seis Sigma foi desenvolvida pela Motorola, uma empresa mundialmente conhecida, fabricante de aparelhos eletrônicos. O principal objetivo da Motorola com a aplicação da metodologia Seis Sigma era reduzir o índice de defeitos nos seus processos produtivos. A divulgação dos ótimos resultados conseguidos fez com que mais empresas adotassem o método Seis Sigma, dentre elas General Electric (GE), Sony e Siemens.

A aplicação da metodologia Seis Sigma está diretamente relacionada com a redução de variações existentes nos processos das empresas, abrangendo os processos produtivos e os administrativos.

A representação desta variação é através do símbolo Sigma. Sigma é uma letra do alfabeto grego (σ) usada em estatística para representar o desvio-padrão de uma população. O desvio-padrão mede a quantidade de variação existente no processo que está sendo avaliado. Um processo que possui um padrão de qualidade Seis Sigma opera com 3,4 partes por milhão (ppm) de defeitos.

Definição

Sigma é uma letra grega (σ) usada na estatística para representar o desvio padrão de uma população. O valor de sigma é sempre desconhecido, mas pode ser estimado calculando-se o desvio padrão de uma amostra representativa desta população.

Podemos concluir que o sigma, ou seja, o desvio padrão, determina estatisticamente a variabilidade existente nos diversos processos. Isto implica que Seis Sigma representa a quantidade de variabilidade existente em alguma coisa que estamos medindo.

Para cada produto existem características importantes que definem a qualidade, e estas características são dados que nos permitem determinar o valor de sigma. O valor de sigma é diretamente proporcional à variabilidade do processo de fabricação deste produto: sigma alto é igual a muita variabilidade no produto e sigma baixo significa que o produto possui pouca variabilidade, indicando, conseqüentemente, maior uniformidade.

A medida Seis Sigma é um parâmetro comparativo do nível de qualidade dos processos, produtos, equipamentos, entre outros.

A meta do método Seis Sigma é alcançar, ou se aproximar, do zero defeito, erros ou falhas em um processo ou produto. Alcançar o zero defeito é uma exigência impossível para qualquer processo, mas o que a metodologia Seis Sigma busca é quase isso, ou seja, alcançar 0,002 falhas por milhão de peças defeituosas (0,002 ppm).

É uma filosofia que busca a melhoria contínua dos processos e produtos, reduzindo a sua variabilidade para alcançar o zero defeito. A visão do método Seis Sigma é manter a organização no topo do mundo, tornando-a a melhor em seu ramo de atuação, através da melhoria dos seus processos e produtos, alcançando assim a preferência dos clientes e consumidores. É uma estratégia para melhoria de resultados e pode ser aplicada a organizações de todos os tamanhos e diferentes ramos de atividades.

A principal característica do processo do método Seis Sigma é a forte estruturação, seqüência e utilização de ferramentas apropriadas em cada fase do processo, de forma a garantir o sucesso nos projetos de produtos e na fabricação dos mesmos.

As cinco principais fases do processo são geralmente conhecidas como DMAIC, do Inglês: Define, Measure, Analyse, Improve and Control, o que traduzindo para o Português temos: Definir, Medir, Analisar, Implementar Modificações e Controlar.

O Ciclo DMAIC

Muitos modelos de melhorias têm como referência o ciclo do PDCA (Plan-Do-Check-Act), originalmente concebido por Deming. A filosofia desse ciclo é sua aplicação contínua, ou seja, a última etapa de um ciclo determina o início de um novo ciclo. Na estratégia adotada pela metodologia Seis Sigmas, o ciclo DMAIC tem as mesmas características. Esse ciclo é formado pelas seguintes etapas:

- "D" DEFINIR. Nesta etapa é necessário definir com precisão as necessidades e desejos dos clientes e transformar as necessidades e desejos dos clientes em especificações do processo, considerando a disponibilidade de fornecimento de insumos, a capacidade produtiva e o posicionamento do serviço ou produto no mercado, tendo em conta as ofertas dos concorrentes.

- "M" MEDIR. Nesta etapa é necessário medir com precisão o desempenho de cada etapa do processo, identificando os pontos críticos e passíveis de melhoria. Todas as vezes que ocorrem defeitos no processo ocorrem gastos adicionais de recursos para repor o nível de produção: insumos, tempo, mão-de-obra para executar a atividade. Esses custos precisam ser mensurados.

- "A" ANALISAR. Analisar os resultados das medições permite identificar as "lacunas", ou seja, determinar o que falta nos processos para atender e encantar os clientes. A busca da causa-raiz dos problemas leva ao desenvolvimento de hipóteses e à formulação de experimentos, visando à eficácia dos processos. Para realizar as melhorias nos processos são elaborados projetos ou planos de ação acompanhados de cronogramas, dimensionamento de recursos necessários, custos e retorno do investimento.

- "I" IMPLEMENTAR. O sucesso da implementação das melhorias está relacionado com a forma de venda do plano às pessoas, que deve contemplar a demonstração das vantagens que a mudança vai trazer e, sempre que possível, aproveitar suas contribuições na forma de operacionalizar a estratégia.

- **"C" CONTROLAR.** O estabelecimento de um sistema permanente de avaliação e controle é fundamental para garantia da qualidade alcançada e identificação de desvios ou novos problemas, os quais devem exigir ações corretivas e padronizações de procedimentos.

Principais Características

Estratégia Seis Sigma é uma extensão dos conceitos da Qualidade Total com foco na melhoria contínua dos processos, iniciando por aqueles que atingem diretamente o cliente.

Apesar de não ser uma proposta inovadora, ela aproveita todas as iniciativas de qualidade que estão em andamento, ou que já foram implantadas na instituição, e cria uma harmonia entre elas estabelecendo metas desafiadoras de redução de desperdício.

A metodologia busca, também, a harmonia dos programas de qualidade, sendo considerada por alguns autores, além de uma extensão, como o aperfeiçoamento dos conceitos da qualidade total.

Tendo como foco a melhoria contínua devemos sempre ter em mente que para qualquer processo, seja produtivo ou administrativo, ou para qualquer produto ou serviço haverá sempre uma maneira de melhorar os resultados ou a qualidade ou o atendimento.

A premissa é que se é possível medir pode ser melhorado e, neste caso, não haverá melhor argumentação para um investimento na solução de problemas e na implantação de melhorias do que os dados relativos aos processos produtivos e administrativos.

É a partir dessa premissa que enquadramos a metodologia Seis Sigma como uma maneira mais precisa e objetiva na medição do desempenho e da capacidade dos processos, dos produtos e serviços.

A metodologia Seis Sigma tem abrangência e flexibilidade direcionadas para o alcance e manutenção da satisfação dos clientes e busca da sustentabilidade organizacional, motivada pelas necessidades dos clientes com a utilização responsável dos dados e análises estatísticas avançadas e atenção especial à gestão e melhoria contínua dos processos de negócios.

Mapa de Raciocínio

O mapa de raciocínio foi uma das ferramentas utilizadas pela metodologia Seis Sigma e que foi empregada pela equipe da novela narrada no capítulo anterior.

Esta ferramenta mostra de maneira detalhada como os pensamentos foram orientando os passos da equipe, de maneira a contribuir para o alcance da meta proposta depois de identificado, de maneira macro, o problema.

É um relato seqüencial de como as idéias foram surgindo e de que maneira foram tratadas durante a execução e desenvolvimento de um trabalho.

O mapa de raciocínio deve registrar e documentar o objetivo global do trabalho em desenvolvimento bem como:

- Quais perguntas e dúvidas surgiram durante o desenvolvimento do trabalho;
- Quais procedimentos e ferramentas foram utilizados para sanar essas dúvidas;
- As questões remanescentes;
- Os novos passos a seguir e as respostas para as perguntas e quais soluções foram encontradas para as dúvidas que surgiram no desenvolvimento do trabalho.

Um mapa de raciocínio será considerado efetivo à medida que são registrados os caminhos paralelos em busca da solução do problema que se apresenta, quando há uma razão específica para as ferramentas utilizadas na solução destes problemas e quando as perguntas, dúvidas, soluções empregadas e atividades da equipe de desenvolvimento tiverem uma relação direta com os objetivos definidos durante a fase inicial do trabalho.

As fases do mapa de raciocino são as seguintes:

- **Identificação do problema:** esta é a fase inicial do mapa de raciocínio, onde é definido de maneira bem específica qual é o problema, o objetivo mensurável a ser alcançado e até quando se pretende alcançar este objetivo.

- **Análise do fenômeno:** o objetivo desta fase é definir como o problema se manifesta, havendo um desmembramento deste problema em suas diversas áreas de atuação e contribuição. Aqui, são definidas metas individuais para cada problema identificado como um problema potencial e de importância para o alcance da meta inicial.

- **Análise do processo:** todos os processos ou problemas identificados como importantes para alcançar o objetivo inicial são analisados até que seja constatada a evidência, ou não, de sua contribuição para a existência do problema em estudo. É importante ressaltar que aqui, também, são empregadas todas as ferramentas estatísticas disponíveis e inerentes à metodologia Seis Sigma, para estudar estes processos.

- **Análise das alternativas estratégicas:** aqui nesta última fase muito importante do mapa de raciocínio, mas não mais que as fases anteriores, são definidas as linhas de ações viáveis de serem adotadas. É uma análise onde são considerados a simplicidade, o custo e a rapidez com que serão aplicadas. Um ou mais planos de ações são montados, bem como os procedimentos de execução e acompanhamento das ações propostas nestes planos.

Bibliografia

ARNOLD, J. R. Tony. *Administração de materiais – uma introdução*; tradução Celso Rimoli, Lenita R. Esteves. São Paulo: Atlas, 1999.

CAMPOS, Vicente Falconi. *Gerenciamento pelas diretrizes*. Belo Horizonte: Fundação Cristiano Otoni, Escola de Engenharia da UFMG, 1996.

CHRISTOPHER, Martin. *Logística e gerenciamento da cadeia de suprimentos: estratégia para redução de custos e melhoria dos serviços*; tradução Francisco Roque Monteiro Leite; supervisão técnica Carlos Eduardo Nobre. São Paulo: Pioneira, 1997.

DIAS, Marco Aurélio P. *Administração de materiais: uma abordagem logística*. 4. ed. São Paulo: Atlas, 1993.

DIAS, Marco Aurélio P. *Administração de materiais*. 4. ed. São Paulo: Atlas, 1995.

MARTINS, Eliseu. *Contabilidades de custos*. 5. ed. São Paulo: Atlas, 1996

MOREIRA, Daniel Augusto. *Administração da produção e operações*. 2. ed. São Paulo: Pioneira, 1996.

PEREZ-WILSON, *Mário. Seis sigma: compreendendo o conceito, as implicações e os desafios*; tradução Bazán tecnologia e Lingüística. Rio de Janeiro: Qualitymark, 1999.

WERKEMA, Maria Cristina Catarino. *Ferramentas estatísticas básicas para o gerenciamento de processos*. Belo Horizonte: Fundação Cristiano Otoni, Escola de Engenharia da UFMG, 1996.

WERKEMA, Maria Cristina Catarino. *Avaliação da qualidade de medidas*. Belo Horizonte: Fundação Cristiano Otoni, Escola de Engenharia da UFMG, 1996.

Participe do **BRASPORT INFOCLUB**

Preencha esta ficha e envie pelo correio para a

BRASPORT LIVROS E MULTIMÍDIA

Rua Pardal Mallet, 23 – Cep.: 20270-280 – Rio de Janeiro – RJ

Você, como cliente BRASPORT, será automaticamente incluído na nossa Mala Direta, garantindo o recebimento regular de nossa programação editorial.
Além disso, você terá acesso a ofertas incríveis, exclusivas para os nossos leitores.
Não deixe de preencher esta ficha.
Aguarde as surpresas. Você vai sentir a diferença!

Nome: _____
Endereço residencial: _____
Cidade: _____ Estado: _____ Cep.: _____
Telefone residencial: _____
Empresa: _____
Cargo: _____
Endereço comercial: _____
Cidade: _____ Estado: _____ Cep.: _____
Telefone comercial: _____
E-mail: _____

Gostaria de receber informações sobre publicações nas seguintes áreas:

- ❐ linguagens de programação
- ❐ planilhas
- ❐ processadores de texto
- ❐ bancos de dados
- ❐ engenharia de software
- ❐ hardware
- ❐ redes
- ❐ editoração eletrônica
- ❐ computação gráfica
- ❐ multimídia
- ❐ internet
- ❐ saúde
- ❐ sistemas operacionais
- ❐ outros _____

Comentários sobre o livro _____
_____
_____

Gestão de Materiais – Estoque Não é o Meu Negócio

**BRASPORT
LIVROS E MULTIMÍDIA**

Rua Pardal Mallet, 23
20270-280 – Rio de Janeiro – RJ

Cole o selo aqui

— Dobre aqui —

Endereço: _____
Remetente: _____

Últimos Lançamentos

Os Segredos do Entrevistador
Roberto Furtner da Cunha Caldeira   128 págs. – R$ 34,00

Este livro contém uma seção de exercícios que lhe permitirá praticar os passos de uma entrevista de forma a otimizar sua performace e a passar o recado que o entrevistador quer e precisar ouvir. Você estará preparado para as situações, as pressões e as armadilhas que podem surgir. Seja você um recém-formado ou um profissional com larga expriência, este livro o ajudará a compreender o processo completo de uma entrevista. Não basta apenas sermos bons profissionais também temos que parecer bons profissionais.

Gestão Educacional - Planejamento Estratégico e Marketing
Marcos Amancio P. Martins   172 págs. – R$ 43,00

Este livro tem como objetivo transmitir aos profissionais envolvidos com o mercado educacional, como proprietários, diretores, gestores, coordenadores, professores, prestadores de serviços, fornecedores etc. a necessidade de ampliar sua forma de ver a empresa onde trabalham ou para a qual fornecem serviços ou produtos. Será que a sua escola está pronta para competir nesse novo mercado educacional, implementando uma Gestão Estratégica eficaz e utilizando corretamente as ferramentas do Marketing para gerar valor para seus clientes?

40 Ferramentas e Técnicas de Gerenciamento
Merhi Daychoum   272 pp. – R$ 60,00

Este trabalho procurou possibilitar uma visão geral e mostrar os passos básicos de algumas dessas metodologias, tentando facilitar o entendimento das técnicas desenvolvidas, evidenciando a sua funcionalidade e estimulando a sua aplicação prática. São ferramentas como Análise SWOT, Benchmarking, Brainstorming, Modelo 5W2H, Gráfico de Gantt, Curva "S", Diagrama Espinha de Peixe, WBS, Método Delphi e diversas outras ferramentas que servem ao apoio da gestão de várias áreas de conhecimento da administração.

A Lei de Murphy no Gerenciamento de Projetos
Eduardo Gorges   112 pp. – R$ 32,00

Este livro não pretende apresentar respostas para todos os problemas mas, através de exemplos de casos reais de projetos em que o autor participou, sejam de sucesso ou não, pretende mostrar que você pode, sim, antecipar muitos dos problemas que vai encontrar durante um projeto - e se preparar para minimizar seus impactos. Ao final, o livro aborda alguns casos muito interessantes vividos e narrados pelos próprios gerentes de projetos.

Gestão e Comportamento Humano nas Organizações
Edna Maria Querido de Oliveira Chamon –
(Co-edição: Petrobras)   232 pp. – R$ 49,00

Este livro reúne uma série de estudos sobre o comportamento humano nas organizações, buscando ultrapassar as limitações do modelo racional, lógico e sistemático que caracteriza o pensamento taylorista e que ainda marca a maior parte da prática gerencial dos nossos tempos. Aborda desde a construção da cultura até os problemas de estresse individual, passando por questões da gestão do conhecimento, da participação, da liderança e várias outras.

www.brasport.com.br   brasport@brasport.com.br

Governança de TI: Metodologias, Frameworks e Melhores Práticas
Ricardo Mansur   224 pp. – R$ 53,00

Este livro de Governança de TI tem como principal objetivo oferecer ao leitor alternativas de mercado sobre como tratar as questões dos custos, ciclo de vida, níveis dos serviços e alinhamento entre TI e negócios. O autor tem como proposta utilizar as melhores práticas do ITIL como a base da pirâmide para equilibrar os três desafios da Gestão de Tecnologia: Qualidade, Custo e Tecnologia.

Google Adwords - A Arte da Guerra 2ª edição
Ricardo Vaz Monteiro   268 pp. – R$ 57,00

Este é o primeiro livro em português que ensina como criar, manter e otimizar campanhas de links patrocinados no Google. De fácil leitura, é perfeito para pequenos empresários, profissionais liberais e responsáveis pela administração de campanhas on-line. Nesta segunda edição revisada e atualizada você aprenderá a criar, manter e otimizar sua campanha no sistema Google Adwords; otimizar sua página de destino e testar a usabilidade do seu site; calcular o retorno sobre seu investimento e muito mais.

Projetos Brasileiros: Casos Reais de Gerenciamento
Paul Campbell Dinsmore / Américo Pinto / Adriane Cavalieri / Margareth Fabiola dos Santos Carneiro   312 pp. – R$ 79,00

Formato: 21 x 28

Este livro nasceu a partir de uma necessidade indiscutível: disponibilizar para empresas, profissionais e estudantes referências genuinamente brasileiras sobre casos empresariais em Gerenciamento de Projetos. Por isso, profissionais com reconhecida competência nacional e internacional nos deram a honra de colaborar na iniciativa de desenvolvimento deste livro, o qual reúne diversos casos nacionais de sucesso e insucesso na área de projetos, para preencher uma importante lacuna do conhecimento.

Uma Evolução Silenciosa no Gerenciamento das Empresas com o Six Sigma
Clovis Bergamo Filho / Ricardo Mansur   192 pp. – R$ 42,00

O objetivo deste livro é demonstrar, através de estudos de caso, os impactos positivos do Six Sigma nos projetos corporativos e chamar a atenção do leitor para a transformação silenciosa que está ocorrendo no mercado brasileiro. São apresentados, com uma linguagem clara e instrutiva, os casos práticos de aplicação do Six Sigma, tanto no contexto de melhoria de processos existentes como no de desenvolvimento de novos produtos e serviços.

Gerenciando Projetos de Desenvolvimento de Software com PMI, RUP e UML 4ª edição
José Carlos Cordeiro Martins   356 pp. – R$ 75,00

Este livro propõe a combinação de duas conhecidas metodologias de gerenciamento de projetos: o RUP e a abordagem do PMI. Apresenta-se dividido em partes, cada qual abordando o assunto pertinente ao gerenciamento de projetos de desenvolvimento de software a partir de um ângulo diferente. Nesta quarta edição a primeira parte do livro foi totalmente revisada, tomando por base a última edição do PMBOK.

www.brasport.com.br   brasport@brasport.com.br

O Crepúsculo do Petróleo

Mauro Porto   164 pp. – R$ 37,00

O *Crepúsculo do Petróleo* merece ser lido com atenção porque demonstra de maneira convincente como são frágeis as bases sobre as quais está montada a economia globalizada, e como tende a ser curto o espaço de tempo que resta à supremacia do dólar americano e à ordem político-econômica que disso depende para se manter hegemônica em escala mundial. É um livro destinado a preparar administradores, empresários e o público em geral para os momentos difíceis que nos espreitam.

Facilitação de Projetos

Peter Pfeiffer   160pp. – R$ 32,00

(Patrocínio: CAIXA)

A facilitação é um excelente meio para combinar a orientação do trabalho para resultados e objetivos com a mobilização dos potenciais criativos que residem nas pessoas. Os conceitos que a embasam destacam a visualização das informações e idéias para aumentar a compreensão; as características individuais e a dinâmica de grupos para melhorar os relacionamentos sociais; e a comunicação humana como elemento-chave para vincular pessoas às idéias e conteúdos do trabalho.

Gerenciamento de Projetos Guia do Profissional Vol. 2: Aspectos Humanos e Interpessoais

Ecthos   172pp. – R$ 53,00

Formato: 21 x 28 – (Série Guia do Profissional)

Liderar um projeto é a arte de envolver e engajar diferentes pessoas, com diferentes perspectivas de vida e história. Com este objetivo, neste segundo volume concentramos as disciplinas de Recursos Humanos, Comunicação, Segurança, Meio-Ambiente e Saúde, Gerenciamento do Conhecimento e Gerenciamento de Mudanças em Projetos, que oferecerão elementos de reflexão, aspectos vivenciados e práticos, permitindo ao leitor a possibilidade de resgatar o aspecto humano que diferenciará seus projetos.

Defenda-se da Violência

Sergio Luiz Gantmanis Munis   164 pp. – R$ 35,00

Este livro apresenta estes e muitos outros assuntos relevantes à vida nacional, cujo enfoque crítico visa levantar não apenas problemas, mas propor soluções que possam combater com eficácia não apenas a violência e a corrupção mas também o pessimismo, o medo e a desesperança, que se encontram disseminados em toda a sociedade brasileira.

Terceirização de Serviços de TI

Alfredo C. Saad   364 pp. – R$ 69,00

O momento para a publicação deste livro não poderia ser mais oportuno. O texto visa cobrir uma lacuna percebida pelo autor no mercado de terceirização de serviços de TI no Brasil, principalmente pela escassez de textos em português que abordem os principais conceitos relacionados ao assunto com uma perspectiva apropriada e consistente da realidade do mercado brasileiro.

BRASPORT LIVROS E MULTIMÍDIA LTDA.
RUA PARDAL MALLET, 23 - TIJUCA – RIO DE JANEIRO – RJ – 20270-280
Tel. Fax: (21) 2568.1415/2568-1507 – Vendas: vendas@brasport.com.br

Técnicas para Gerenciamento de Projetos de Software
José Carlos Cordeiro Martins 456 pp. – R$ 89,00

Este livro apresenta algumas das metodologias clássicas e ágeis mais populares para gerenciamento de projetos: Project Management Institute (PMI), Agile Project Management (APM), Unified Process (UP), Scrum, Extreme Programming (XP) e Feature Driven Development (FDD). Por fim, o livro propõe uma discussão sobre qual seria a melhor metodologia para cada tipo de projeto. Depois apresenta a abordagem utilizada pela Compugraf para gerenciar seus projetos de desenvolvimento de software.

Implementando um Escritório de Projetos
Ricardo Mansur 188 pp. – R$ 41,00

O livro apresenta de forma simples e direta as principais estratégias do mercado para a implementação de um escritório de projetos (PMO - Project Management Office). Para facilitar o entendimento das estratégias, são destacados de forma consolidada os principais conceitos do escritório e explicadas a sua relevância e contribuição para o gerenciamento de projetos.

Modelos Qualitativos de Análise de Risco para Projetos de Tecnologia da Informação
Eber Assis Schmitz / Antonio Juarez Alencar / Carlos Badini Villar 196 pp. – R$ 55,00

Neste livro você irá encontrar uma coleção de modelos qualitativos que irão ajudá-lo a identificar, rapidamente, os riscos a que projetos de tecnologia da informação estão sujeitos. Estes modelos favorecem a elaboração de planos de ação que aumentam as chances dos projetos sob sua responsabilidade serem entregues dentro do prazo, de acordo com o fluxo de caixa e em sintonia com os requisitos a que devem satisfazer. O CD-ROM que contém um conjunto de planilhas Microsoft Excel que permite uso imediato dos modelos de análise de risco.

Manual Prático do Plano de Projeto 3ª edição
Ricardo Viana Vargas 256 pp. – R$ 79,00
Formato: 21 x 28

Tudo o que você precisa saber de forma prática e rápida sobre o plano de projeto através de exemplos! O mais prático e didático livro sobre o plano de um projeto. Através de um exemplo simples e dirigido, você irá conhecer os principais documentos e relatórios das áreas de um empreendimento. Entre as principais alterações desta terceira edição está a ampliação do Projeto Novas Fronteiras, que agora passa a incluir documentos ampliados, dicionário da WBS, dentre outros.

Gerenciamento de Projetos Guia do Profissional Vol. 3: Fundamentos Técnicos
Ecthos 340 pp. – R$ 97,00
Formato: 21 x 28

Este volume tem a pretensão de contribuir com algumas técnicas experimentadas como solução na administração do nosso dia-a-dia. Agora cabe o trabalho de planejar e controlar as variáveis que complementam as obrigações numéricas: os prazos da atividade, suas datas de realização, seus riscos e seqüenciamento, bem como os valores de custeio, tributos e cronogramas de desembolso orçamentário. Por fim, as condições e tipos de contratos formais que validam esses acordos citados, na sua forma jurídica, para dar cabo dos trabalhos necessários.

www.brasport.com.br brasport@brasport.com.br